LES
MYSTÈRES
DE LONDRES

PAR

SIR FRANCIS TROLOPP.

VIII

PARIS,
AU COMPTOIR DES IMPRIMEURS-UNIS,
QUAI MALAQUAIS, 15.

1844

LES

MYSTÈRES
DE LONDRES.

Ce roman ne pourra être reproduit qu'avec l'autorisation de l'éditeur.

Paris. — Imprimerie de BOULÉ et C⁰, rue Coq-Héron, 3.

LES
MYSTÈRES
DE
LONDRES

PAR

IR FRANCIS TROLOPP.

VIII

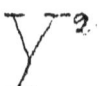

PARIS,
AU COMPTOIR DES IMPRIMEURS-UNIS,
QUAI MALAQUAIS, 15.

1844

TROISIÈME PARTIE.

LA GRANDE FAMILLE.

XXV

CATALEPSIE.

Lady Campbell était une de ces femmes dont il faudrait retoucher le portrait à chaque page du récit. Son caractère avait beaucoup plus de bon que de mauvais, et le mal qu'elle faisait n'était point volontaire. Ses pareilles emplissent nos salons, où elles sont à juste titre aimées et souvent admirées. — Seulement il faut tâcher de ne leur point donner à garder de jeunes filles, parce que, nous l'avons déjà dit, l'excès de leur bon vouloir les porte à empiéter sur le rôle de leurs élèves. Elles choisissent pour elles, aiment pour elles, et peut-être, qui sait? se marieraient volontiers pour elles.

Tant il est vrai que le dévoûment, chez les femmes, peut atteindre les proportions les plus héroïques.

Lady Campbell, au fond, ne méritait point les sévères paroles qui furent l'adieu de Perceval. Et pourtant, Perceval était en droit de les lui adresser. Ceci peut sembler contradictoire ; mais c'est l'exacte vérité. La spirituelle femme avait tué sa nièce de bonne amitié, sans autre envie que de la rendre la plus heureuse de toutes les misses du West-End. Elle avait le cœur net, la conscience tranquille, et se votait *in petto* une couronne avunculaire.

Qu'avait-elle fait, sinon le bien? Et avec quelle peine, bon Dieu! Que de soins pour mener à bonne fin ce mariage!...

Aussi, les dernières paroles de Frank ne firent point sur elle l'impression qu'on en aurait pu attendre. Elle ne les comprit pas.

D'ailleurs, elle était en proie à une inquiétude si vraie, à une douleur si réelle en ce moment que son défaut d'intelligence ne doit point surprendre. Lady Campbell aimait véritablement Mary plus que tout autre chose au monde, et, à le bien prendre, son engouement pour le marquis de Rio-Santo n'était qu'un ricochet de sa tendresse pour Mary. Il y avait long-temps qu'ils étaient mariés dans son esprit.

Une fois Frank sorti, elle prit la main de miss Stewart.

— Ma chère enfant, dit-elle, je sais que vous êtes bonne et vous me pardonnerez ma vivacité de tout à l'heure... Je vous aime, puisque vous aimez ma pauvre Mary, et je n'ai pu vouloir vous offenser... Mais, de grâce, ne me cachez rien ! Que s'est-il passé entre eux ?

— Je l'ignore, madame, répondit Diana, — et si je le savais, je prierais Votre Seigneurie de remettre ses questions à un autre moment... Le plus pressé, je pense, est de porter secours à la pauvre Mary.

— C'est vrai, mon enfant... c'est vrai, mademoiselle, murmura lady Campbell ; je vais faire transporter ma pauvre nièce à Trevor-House.

— Je crains que vous ne le puissiez pas, madame... En tout cas, il faudrait l'avis d'un médecin... Enverrai-je chercher celui de ma mère ?

— Non, chère belle... Puisque vous êtes assez bonne... envoyez chercher M. Moore, 10, Wimpole-Street... c'est M. de Rio-Santo qui nous l'a donné.

Un groom partit aussitôt pour Wimpole-Street, afin de mander le docteur Moore, lequel occupait la maison immédiatement contiguë à celle qu'habitait Susannah, sous le nom de la princesse de Longueville.

En attendant la venue du docteur, lady Campbell et miss Stewart s'empressèrent, sans fruit, autour de Mary, pétrifiée. Ce mal étrange les remplissait de surprise et d'épouvante. Elles pensaient que miss Trevor vivait, mais elles n'en pouvaient point être certaines, car Mary n'avait ni souffle, ni pouls, ni châleur.

Lady Campbell se désolait, accusait Dieu, le hasard, Frank, tout ce qui existe, elle-même exceptée.

Diana, agenouillée devant Mary, tenait une de ses mains froides et pleurait silencieusement.

Enfin, le docteur Moore arriva. Ce praticien, que nul membre de Royal-College ne pourra méconnaître, malgré le nom d'emprunt que nous lui donnons dans ce récit, avait une sûreté de coup d'œil qui était presque passée en proverbe parmi ses confrères. Sa célébrité, comme *physician*, était grande, et ses ouvrages, peu nombreux, mais éminens, sont estimés à juste titre par toute l'Europe savante. Les jeunes adeptes de la science de guérir, feuilletant avec respect les doctes pages que ce médecin illustre (le mot n'est pas trop fort et s'accole bien souvent au véritable nom du docteur Moore dans les chaires médicales de Londres, de Paris et de Vienne), les jeunes élèves, disons-nous, ne se doutent guère que ces lumineux travaux furent le fruit de quelques rares instans dérobés à une vie de honte et de rapines. A quoi bon les en instruire? Si Dieu permet qu'un mauvais arbre produise par hasard des fruits savoureux et choisis, doit-on éloigner d'eux la main du passant qui veut les cueillir? Assurément, ce serait faire acte de prévention stupide, et, en ce monde, où le bien et le mal se mêlent partout et toujours, il faut se garder d'imputer à crime au bien sa parenté fortuite avec le mal.

Nous pourrions dire à ce sujet des choses incontestables et nouvelles autant qu'une chose peut être nouvelle sous notre vieux soleil. Mais de certaines gens ont pris pour drapeau ce mot admirable : CHOISIR, et leur drapeau ne nous plaît pas. En conséquence, nous nous taisons, redoutant, à l'égal de la peste, d'être pris pour un ecclectique.

D'un seul regard, le docteur Moore reconnut l'état de miss Trevor. Son impassible physionomie n'exprima ni surprise ni inquiétude; mais pour un observateur, l'accélération subite de son pas, d'ordinaire si mesuré, eût été une preuve de la gravité des circonstances.

— Monsieur, oh! monsieur! s'écria lady Campbell, — dites-nous bien vite ce que nous devons craindre et ce que nous pouvons espérer.

Le docteur lui recommanda le silence d'un geste.

Diana, qui s'était mise à l'écart, dévorait des yeux la muette physionomie de Moore et cherchait à deviner sa pensée; — mais, sur ces traits de bronze, il n'y avait rien d'écrit.

Le docteur fit rouler un fauteuil de manière à s'asseoir juste en face de Mary.

Cela fait, il se renversa en arrière et la considéra attentivement durant une minute.

— Milady, je vous prie de faire préparer sur-le-champ des sinapismes, dit-il sans cesser de regarder la malade ; — qu'on apporte avant cela un bassin et de l'eau.

Quelque chose se montra seulement alors sur la physionomie du docteur, qui s'éclaira d'intelligence profonde et de curiosité.

Il se leva et mit sa joue devant la bouche de Mary. Ce que n'avaient pu sentir Diana et lady Campbell, M. Moore le découvrit. Mary respirait ; un souffle imperceptible et froid vint frapper légèrement la joue du docteur. Il posa sa main dégantée sur la poitrine de la pauvre fille; le cœur battait si peu qu'il fallait des doigts exercés pour apprécier ces faibles pulsations.

— C'est cela ! c'est bien cela ! murmura-t-il avec une sorte de satisfaction.

Lady Campbell et Diana s'embrassèrent, tant ces mots leur donnèrent de joie.

Le docteur se frotta les mains et se rassit.

On apporta le bassin rempli d'eau. — Le docteur tira sa trousse et prit une lancette.

— Voyons, dit-il.

Le bras raidi de la pauvre Mary fut tendu. Sa veine ouverte laissa tomber goutte à goutte quelques larmes de sang.

— C'est bien! dit le docteur.

A peine avait-il lâché le bras de miss Trevor, que ce bras, décrivant une courbe insensible, reprit sa position première.

— « Affection rare, mystérieuse, terrible, murmura Moore comme s'il eût fait une citation ; — qui semble porter dans la vie tous les caractères de la mort ; dans la mort, les principales conditions de la vie... » C'est bien cela !... De l'éther, miladies, de l'éther et de l'opium, s'il vous plaît !

Il fit avaler à Mary une petite dose d'éther et d'opium, et poursuivit :

— Remède de vieille femme !... Si cela

réussit, il faudra déchirer ses diplômes... mais l'enfant résiste... bravo !.... j'en étais sûr !

— Il va la sauver, madame, dit miss Stewart en joignant les mains.

— Oh ! chère belle, répondit lady Campbell ; — c'est M. de Rio-Santo qui nous l'a donné.

Une femme de chambre apportait en ce moment les sinapismes. Moore les appliqua, brûlans, sur les pieds délicats et mignons de Miss Trevor. Puis il se rassit encore et recommença, le lorgnon à l'œil, son observation.

— Faites préparer un lit, s'il vous plaît, mesdames, dit-il au bout de quelques minutes ; un lit dur, sans plumes, incliné... Oh !

il y avait bien long-temps que j'avais envie de tomber sur un cas pareil !

Diana et lady Campbell se regardèrent étonnées.

— Les médecins sont tous ainsi, ma chère enfant, hasarda timidement lady Campbell.

— Venez ! s'écria Moore à ce moment ; — venez voir : c'est curieux, sur mon honneur, plus que tout autre chose au monde !...Voici des sinapismes qui eussent piqué le cuir d'un taureau, — il approcha de ses narines le linge chargé de moutarde ; — farine excellente, eau qui brûlait : mes doigts en gardent la trace... Eh bien ! voyez !

— Ses pieds sont blancs comme de l'albâtre, mon cher monsieur, dit lady Campbell ; — est-ce bon signe ?

— Je le crois bien, milady !... J'ai craint d'abord une hystérie ordinaire, mais c'est une belle et bonne catalepsie ! — Une catalepsie ! reprit-il avec un enthousiasme dogmatique, « affection rare, mystérieuse, madam, terrible ! qui semble porter dans la vie tous les caractères de la mort ; dans la mort, les principales conditions de la vie...» Ah ! c'est la première fois que je vois cela depuis vingt-cinq ans que j'exerce !

— Cet homme est fou, milady ! s'écria miss Stewart effrayée.

Moore tressaillit et baissa les yeux.

— Madam, dit-il à Diana d'un ton de sévère reproche, — ceux qui se dévouent à la science pour lui donner tous les instans de leur existence, sont sujets à ne point connaître les lois transitoires et convenues qui régissent la vie du monde... Parfois, ils s'échappent à penser tout haut, et, comme leurs pensées sont au dessus de l'intelligence du vulgaire, ils entendent bien souvent murmurer autour d'eux : — Cet homme est fou ! — mais il ne s'en émeuvent point, madam, parce qu'ils savent dédaigner l'outrage et pardonner à l'ignorance.

Diana, la pauvre fille, balbutia des paroles d'excuse, tandis que lady Campbell disait :

— Ah ! ma chère belle ! comment avez-vous pu mécontenter M. le docteur !

En tout pays, les grands mots sont une arme souveraine contre les enfans, les femmes et les neuf dixièmes des hommes faits. La science de *se draper* est la plus utile de toutes les sciences. Elle sert également au vicaire d'un mince bénéfice, au pédant professeur d'une université, aux *commoners*, aux lords, aux ministres.

Aux ministres surtout.

D'un ministre qui ne saurait pas *se draper*, la Chambre des Communes ne ferait qu'une bouchée.

Les Français ont un mot qui, entre autres

acceptions, s'emploie pour exprimer d'une façon courtoise la perfection de cet art estimable. Ils disent *doctrinaire* (1) pour ne pas dire charlatan.

Nous faisons des vœux pour que cette locution polie trouve accueil en notre vocabulaire.

Marie Trevor, cependant, demeurait toujours immobile et pétrifiée. Ni la saignée, ni l'opium, ni l'éther, ni les sinapismes n'avaient produit le moindre effet sur sa torpeur.

Il y avait quelque chose de singulièrement effrayant dans l'aspect de cette vivante statue.

---

(1) En français dans le texte.

D'ordinaire, l'idée de la mort est inséparable de l'idée d'affaissement. On se représente une personne morte, couchée, ou tout au moins appuyée. Un mort debout, c'est un spectre, c'est l'épouvantable et le surnaturel.

Mary n'était point debout, mais sa taille redressée gardait une posture qui eût été fatigante pour une femme robuste et en pleine santé. L'un de ses bras pendait le long de son corps ; l'autre, soulevé à quelques pouces de son siége, était resté tendu, bien que le fauteuil de Perceval où ce bras s'appuyait naguère eût été reculé. Sa tête était levée, mais non pas au point de tendre d'une manière visible les muscles de son cou. Elle regardait droit devant soi, si l'on peut appeler *regarder* avoir l'œil grand ouvert, les prunelles démesurément dilatées, mais dépourvues, en apparence, de la faculté de percevoir les images.

La catalepsie est un mal presque inconnu sur le continent. Certains auteurs des facultés de France et d'Allemagne ont été jusqu'à révoquer en doute son existence. Chez nous, sans être commun, il se présente malheureusement assez souvent pour que personne ne puisse méconnaître ses étranges et mystérieux effets. Bizarre autant que terrible, cette affection, contre laquelle notre savant collége n'a point su trouver encore de remède, a eu son moment de vogue effrénée. C'était la maladie à la mode. Nos lions étaient cataleptiques les jours où ils n'avaient rien de mieux à faire,

— le dimanche, par exemple ; — une petite lady, veuve de son serin, tombait immédiatement en catalepsie. Vous entendiez ce mot partout, et lord John Tantivy, le sportman, mourra persuadé que *Peppercorn,* son cheval alezan, est décédé en état de catalepsie.

Ce *Peppercorn* était le fils de *Royal-Cocoa* et de *Viscountess,* la fameuse jument de lord Sandwich, qui inventa (le lord) les tartines connues sous le nom de *sandwiches* dans les cinq parties du monde.

Il n'est point de médecin à Londres qui n'ait eu occasion d'approcher en sa vie quelque prétendu cataleptique. Mais les vraies catalepsies ne se rencontrent pas tous les jours et sont excessivement *recherchées* par les amateurs. Autre chose est ce mal funeste, dont les symptômes épouvantent, dont la marche lente, sûre, obstinée, conduit presque certainement à la mort, autre chose les syncopes volontaires ou non de quelque oisif qui veut se décorer d'une maladie excentrique.

N'a pas qui veut une catalepsie.

Le lecteur doit donc comprendre jusqu'à un certain point la joie du docteur Moore en face de ce cas précieux. C'était un joyau qu'il allait tailler, un mets nouveau qu'il allait goûter. — Sa première amputation ne l'avait par réjoui davantage.

Or, souvenez-vous, messieurs, de votre premier rendez-vous d'amour, souvenez-vous, miladies, de votre premier cachemire et vous n'aurez qu'une faible idée des voluptés infinies d'une première amputation...

Deux femmes de chambre soulevèrent Mary dans leurs bras et la portèrent sur le lit préparé suivant les ordres du docteur Moore. Celui-ci la coucha lui-même et parvint, après de grands efforts, à plier ses membres raidis.

— C'est une chose bien simple, murmura-t-il. La jeune fille était depuis long-temps dans un état tout à fait contre nature... et je connais bien des femmes plus fortes qu'elle qui n'eussent point résisté tant de jours. Son système nerveux était irrité à l'excès... Sans cesse elle passait par des alternatives épuisantes de surexcitation et d'atonie... Bref, on lui faisait subir, d'une autre façon, un traitement analogue à celui qui me sert pour cette belle enfant que Bishop m'a vendue cent guinées, et sur laquelle j'expérimente dans Wimpole-Street.... Aujourd'hui elle aura subi quelque choc violent... Son sang s'est coagulé dans ses veines... Et le cerveau est resté frappé de paralysie... C'est cela, mais ce n'est pas tout. — Il faut chercher, scruter, découvrir...

Il essaya de fermer les paupières de Mary. Elles cédèrent sans trop de résistance à la pression de son doigt, mais elles se relevèrent lentement.

—Madam, reprit-il tout haut, j'aurais besoin de savoir de quelle nature est l'événement qui a précédé, — qui a produit sans doute, l'évanouissement de miss Trevor.

— Ce n'est donc qu'un évanouissement, docteur ?

— La mort est un évanouissement prolongé à l'infini, madam... Permettez-moi de vous répéter que j'aurais besoin de savoir...

— Je l'ignore, monsieur, je l'ignore absolument... Et, à moins que miss Stewart ne puisse vous le dire...

— Tout ce que je sais, répondit Diana, c'est qu'elle a causé fort long-temps avec Frank Perceval.

— A-ah !... fit le docteur, en prolongeant cet élastique monosyllabe.

— Dès ce matin, quand elle est venue, elle semblait égarée et paraissait en proie à d'étranges idées...

— Parfaitement, madam... Et... n'y avait-il aucun motif à sa venue ?

Diana rougit et se tut.

— Madam, poursuivit Moore avec autorité, — miss Trevor est bien malade... il faut me répondre.

— Elle avait reçu une lettre de Frank, dit bien bas Diana.

— C'était donc un complot ! s'écria lady Campbell.

— Ah !... fit encore le docteur ; — l'Hono-

rable Frank Perceval s'est guéri bien vite!...
Je suis pour quelque chose dans cette cure,
mesdames... Ainsi, nous ne pouvons savoir
ce qui s'est passé entre miss Trevor et lui?

— Non, monsieur, répondit Diana.

Moore jeta sur elle son regard observateur.

— Mesdames, je vous rends grâces dit-il
en se retournant vers Mary.

Diana le considérait avec défiance. Quant à
lady Campbell, son regard était attiré par une
sorte de fascination vers l'œil vitreux et fixe
de Mary. Elle ne pouvait se détacher de ces
prunelles élargies sur lesquelles ne battaient
plus les longs cils des paupières ouvertes, et

ces prunelles lui semblaient parfois rouler lentement à droite et à gauche, comme les yeux d'émail de ces Maures que fait mouvoir le balancier d'une pendule.

Elle était oppressée, et il y avait sur sa conscience quelque chose comme un regret ou un remords.

Le docteur se leva au bout de quelque minutes et salua en silence pour prendre congé.

— Oh! ne nous quittez pas ainsi, monsieur, s'écria lady Campbell; — dites-nous au moins qu'il y a de l'espoir!

— Miss Trevor n'est pas morte, madame, répondit froidement le docteur.

Il mit ses gants avec grand soin et ajouta

— Je vais vous envoyer Rowley, mon aide-pharmacien, qui appliquera une ventouse entre les deux épaules de la malade... Je reviendrai ce soir !

— Mon Dieu ! mon Dieu ! murmura lady Campbell avec accablement lorsque le docteur fut parti ; — quel affreux malheur !... si près d'être heureuse !... Mais voyez donc, ma chère enfant, comme les yeux de Mary ont un effrayant regard... Oh ! je mourrai, si je reste auprès de la pauvre fille !

— Madame, répondit miss Stewart, — si vous voulez, je veillerai seule...

Le docteur Moore, cependant, s'était jeté dans sa voiture et regagnait Wimpole-Street au galop.

— Faites descendre Rowley à mon cabinet, dit-il au groom qui lui ouvrit la porte de sa maison.

L'aide-chirurgien-pharmacien-assassin se présenta presque aussitôt.

— Eh bien ! Rowley, demanda le docteur, — notre bel oiseau?

— Toujours en cage, monsieur, répondit le drôle en ricanant avec une sorte de bonhomie; — et du diable si la petite ne donnerait pas une de ses jambes pour courir à cloche-pied sur l'autre en toute liberté...

— Elle est toujours à la diète?

— Un joli petit morceau de pain d'une demi-once tous les deux jours.

— Et la chambre est bien noire?...

— Comme un four... J'en serais mort vingt fois pour une, moi, monsieur.

Moore haussa les épaules.

— Ah! reprit Rowley, ce n'est pas l'embarras, elle est bien changée, bien minée... mais elle tient bon!... Ça me pique au jeu, moi!... Ce matin, je l'ai laissée s'endormir tout de bon, au lieu de l'éveiller au bout de dix minutes, — heure militaire! — comme c'est convenu... Quand elle a été bien endormie, je suis entré pour la voir... histoire d'un peu de curiosité, monsieur... Ah! ma foi, on peut dire que la chose a été bien menée! elle n'a déjà plus que les os et la peau... Et de l'oppression, monsieur!... et des tressaillemens... Ah! ah! c'est une besogne diablement réussie!

Rowley tira sa montre.

— Ta ta ta ta! s'écria-t-il; — elle a eu le temps de dormir treize minutes, cette fois, la petite espiègle! Quel somme! Pour sa peine je vais lui donner du porte-voix.

L'aide empoisonneur sortit à la hâte.

L'instant d'après, on entendit une voix tonnante mugir à l'étage supérieur. — Un faible cri de femme lui répondit.

XXVI

TÉNÈBRES.

Il y avait maintenant cinq jours que Clary Mac-Farlane était tombée entre les mains de Bob Lantern, qui l'avait *cédée* à Bishop le burkeur. Celui-ci l'avait amenée au docteur Moore.

Le docteur Moore la tenait depuis lors enfermée dans sa maison de Wimpole-Street.

C'est là qu'elle s'était éveillée après le long sommeil factice provoqué par l'eau de Mr Bishop, dont l'avenante et débonnaire mistress Gruff avait versé une dose honête dans le fameux *scotch-ale* de l'hôtel du *Roi George.*

Son réveil ne s'était point fait long-temps attendre. Il y avait à peine un quart d'heure que l'aide Rowley avait refermé sur elle la porte de la chambre, disposée pour la recevoir, lorsqu'elle ouvrit les yeux.

Elle ne se rendit tout d'abord aucun compte de sa situation. Elle crut dormir encore d'un sommeil lourd et sans rêve, parce qu'une obscurité compacte, entière, impénétrable était autour d'elle. Ce fut le souvenir qui acheva de l'éveiller.

— Mon père! murmura-t-elle ; — j'ai vu mon père...

La scène de la Tamise se représenta aussitôt à son esprit, mais vaguement, confusément, telle enfin que Clary l'avait aperçue pendant la courte trêve où son esprit avait recouvré ses facultés entre son sommeil léthargique et son évanouissement.

Une seule chose ressortait sur le fond ténébreux de sa mémoire, c'était la pâle figure d'Angus Mac-Farlane éclairée par les rayons de la lune.

Le souvenir des faits antérieurs fut plus vif et plus complet. Elle se rappela la vaste chambre de l'hôtel du *Roi George*, sa sœur endormie et l'angoisse de sa propre lutte contre le sommeil.

Cette pensée l'accabla.

— Ma pauvre Anna! dit-elle en laissant tomber sa tête sur sa poitrine; — ils l'auront tuée... Mais pourquoi ne m'ont-ils pas tuée, moi?...

Elle s'interrompit brusquement. Une ombre d'espoir venait de descendre dans son cœur.

— Anna! prononça-t-elle tout bas en étendant ses bras à droite et à gauche ; — si elle était ici !... Anna !

Ses bras rencontrèrent partout le vide et personne ne répondit.

— Oh ! pensa-t-elle, — Anna est morte... Et moi ?... Cette nuit profonde et ce silence.. Et moi aussi... je suis morte... Pourquoi ne m'auraient-ils pas tuée ?

Ce fut d'abord en elle une idée vague, — plutôt un espoir qu'une crainte ; — puis l'idée prit assiette en son esprit. Elle se crut transformée, sinon anéantie. Il lui sembla ne plus se reconnaître.

— La mort !... c'est donc cela ! reprit-elle ;

— une nuit éternelle... une nuit profonde, sans étoiles... Oh! je me souviens! j'ai blasphémé dans cette maison maudite... Qu'avons-nous fait à Dieu, ai-je dit, pour mériter ce cruel martyr!.... Je l'ai dit.... Et Dieu se venge!

Elle demeura un instant silencieuse et abattue. Au bout de quelques secondes, on aurait pu l'entendre ajouter d'une voix consolée :

— Anna, mon Anna chérie doit être au ciel...

Clary croisa ses bras sur sa poitrine, le contact de sa propre chair la fit tressaillir.

—Mais non, je ne suis pas morte! se dit-elle ; — on m'a mise vivante au tombeau. La nuit !... cette nuit brûle mes yeux... Combien de temps souffre-t-on ainsi avant de mourir ?...

C'est que cette nuit ne ressemblait à rien de ce qu'on a coutume de voir dans la vie commune. Là, il n'est point d'obscurité si profonde que l'œil ne puisse s'y faire à la longue et entrevoir quelque objet dans l'ombre, quelque reflet perdu, quelque lueur. Notre nuit à nous donne passage toujours à quelque rayon consolateur. Si la lune manque au ciel, si la brume ou l'orage met un bandeau jaloux sur le regard diamanté des étoiles, il reste dans l'air un mystérieux rayonnement. Le brouillard luit ; l'orage a son flambeau dans la foudre, il semble que la nature ait horreur de la nuit autant que du vide.

Tout docteur de Cambridge est susceptible de nous répondre, en affirmant son dire sous serment, que la nature n'a point horreur du vide, et que la pesanteur seule de la colonne atmosphérique...

Mais tout beau ! gardons-nous de railler les docteurs de Cambridge, qui sont de terribles champions. L'un d'eux, le révérend Lewis Drake, passe pour soutenir habituellement ses thèses à coups de poing et avec une dangereuse supériorité.

L'obscurité complète ne peut être que factice. A cause de cela, elle pèse un poids de plomb sur toute créature vivante. L'homme la redoute. Sa continuité suffit à plier les natures les plus robustes. Comme toute chose inconnue ou contre nature, elle porte avec elle des terreurs instinctives, inévitables, sans bornes.

Les dangers les plus fantastiques y peuvent couver, inaperçus; la mort s'y cache, peut-être, — et point de défense possible...

Les malheureux que la main de Dieu frappe soudainement et qui deviennent aveugles sans passer par les misères lentes et préparatrices de quelque *optalgie,* éprouvent presque toujours une réaction morale qui met en péril leurs facultés intellectuelles. Et encore pourtant ceux-là sont-ils joints à la vie commune par des signes sensibles : ils entendent le bruit du monde ; leur main rencontre parfois la main d'un ami ; leur cœur est consolé par des paroles d'intérêt ou de tendre compassion.

Mais qu'on se représente un homme devenant à la fois sourd, aveugle et dépourvu des moyens d'exercer les trois autres sens. Que lui reste-t-il de ce qui constitue la vie ? La pensée ?

Hélas ! la pensée !

La pensée d'un homme, empêché actuellement de sentir, ne se borne-t-elle pas fatalement à deux exercices qui embrassent le passé et l'avenir ? Y a-t-il autre chose en lui de possible que des regrets épuisans et des terreurs infinies !

Il y a pour quelques uns l'espoir en Dieu, qui est une planche de salut dans tout naufrage. Oh! certes, ce n'est pas nous qui pouvons mettre en doute l'efficacité de ce refuge suprême ; — mais le premier effet de la souffrance est de prosterner le cœur ou de l'aigrir. Il faut être un saint pour se faire de la prière résignée un bouclier contre la soudaine blessure du désespoir. Il faut être plus qu'un saint. Job se tordit long-temps sur son fumier, pleurant et blasphémant, avant d'entoner, du sein de sa misère, son sublime hosannah.

Clary Mac-Farlane n'était qu'une pauvre enfant, possédant, il est vrai, toute la force et tout le courage que peuvent avoir son âge et son sexe, mais sans défense contre cette écrasante oppression de la solitude absolue, multipliée par le silence et les ténèbres. Elle crut avoir vécu. — Et n'est-ce pas en effet une grande partie de la mort que cette complète absence de toute sensation? — Ne point voir, ne point ouïr, et tendre dans la nuit ses bras pour ne saisir que le vide!

Mais cette croyance, qui, prolongée, eût été un bienfait véritable, puisqu'elle eût amené avec elle le repos, ou du moins l'apathie, ne pouvait être que fugitive. La malheureuse enfant s'était senti vivre bientôt à sa douleur même, et, de sa poitrine chargée de peine, un soupir profond s'échappa.

Ce fut un second réveil, et son amertume dépassa l'angoisse du premier. Clary fit un mouvement et sentit son siége vaciller. Ses membres, fatigués, eurent de grands élancemens. Un froid mortel courut par ses veines.

Mieux valait la mort.

Sa tête, alourdie, se pencha sur son sein. Un engourdissement sourd lui prit le cœur. Elle chancela sur son escabelle et fut prête à tomber, inerte, sur le sol.

Mais il y avait en elle assez de force pour soutenir un temps l'épouvantable lutte, et son martyre devait durer bien des heures.

Au lieu de fléchir ainsi tout d'un coup, elle

se redressa au souffle intérieur de son énergie native. Son cœur battit. Elle se leva, voulant sonder jusqu'au fond sa détresse, et faire, autant que possible, l'inspection de sa tombe.

Au bout de trois ou quatre pas, sa main tendue rencontra un obstacle. C'était une barrière d'une singulière espèce, cédant sous la pression de la main, mais cédant jusqu'à un certain point seulement, au delà duquel se trouvait une inébranlable clôture. On eût dit une muraille rembourrée, matelassée du sol au plafond.

Clary changea de route. Dans cette direction nouvelle, un obstacle absolument pareil lui barra bientôt le passage.

A droite, à gauche, en tout sens, il en fut de même.

Elle était dans une sorte d'énorme boîte, rembourrée partout. — Dans quel but? Clary ne le devina point, mais lorsque enfin sa frayeur, augmentée, arracha de sa poitrine un cri aigu, ce cri s'étouffa pour ainsi dire à l'entour d'elle, n'eut point d'écho et mourut comme un murmure.

Ces murs matelassés étaient une précaution contre les bruits du dedans, un rempart contre les bruits du dehors. Grâce à eux, dans ce réduit terrible, le silence était complet comme la nuit. — Grâce à eux encore, les cris de la captive devaient mourir, emprisonnés avec elle.

Elle allait, tâtant toujours, et rencontrant toujours la molle uniformité de l'élastique tenture. Elle ne savait point où elle avait commencé de palper, et continuait sa tâche, espérant trouver une solution de continuité, un enfoncement, quelque chose qui ne fût point un étouffant linceul.

Elle fit ainsi bien des fois le tour de sa cellule, et s'arrêta enfin, perdue, et croyant avoir parcouru un immense espace.

Le temps qui s'écoulait n'avait pas pour elle plus de mesure que l'étendue, et les heures, si lentes à passer sur l'angoisse, elle les comptait pour de longs jours.

Une fois, son âme fut prise d'une colère

fougueuse; elle se révolta contre sa mortelle épouvante; elle défia cette nuit sépulcrale qui l'enveloppait comme un suaire; elle voulut vaincre ce silence ennemi; elle appela au secours, elle cria jusqu'à ne plus pouvoir produire que des sons enroués. — Le premier éclat de sa voix était sorti puissant de sa poitrine, pour tomber, en quelque sorte, éteint à ses pieds. Ces murs préparés absorbaient si efficacement ses clameurs, que son gosier, vaincu, perdit après quelques efforts le pouvoir de vibrer.

Elle se tut de force et malgré elle. Sa colère en augmenta; sa cervelle en feu fermenta : elle prit son élan, et, dans un mouvement de délire, elle précipita violemment son corps en avant.

Peut-être était-ce une de ces irréfléchies et soudaines tentatives de suicide dont la solitude, mauvaise conseillère, glisse la pensée à l'oreille du désespoir.

Mais la tête de Clary rebondit, sans blessure, sur la laine épaisse dont était recouverte la muraille opposée. En cette étrange prison, il n'était pas même possible de mourir tout d'un coup. Il fallait attendre et suivre, sans la presser, la marche paresseuse de l'agonie; il fallait s'éteindre lentement et boire, goutte à goutte, depuis les bords jusqu'à la lie, le profond calice du trépas.

Clary, cependant, étourdie par le choc, était tombée sur le sol où s'étendait, en guise de tapis, une abondante litière de paille. Elle demeura un instant sans pensée ; ce fut un répit. — Lorsque les nuages de son esprit se dissipèrent lentement, elle se sentit plus calme et capable de prier.

Alors, durant quelques minutes, son ardente dévotion réchauffa son pauvre cœur endolori et glacé. — C'était le moment de l'*Hosannah de Job*.—Elle loua Dieu, la douce martyre, et donna son âme reposée aux austères espoirs de la religion.

Hélas ! le voyageur a beau vouloir prolonger la halte sous les hauts dattiers de l'oasis qui tranche, verte, fraîche, riante, parmi les brûlantes immensités du désert, — il faut reprendre sa route. L'ombre est si bonne ! l'herbe est si douce ! la fontaine a de si chers murmures à l'oreille de l'homme qui naguère se mourait de soif sous un soleil assassin ! Mais il faut partir.

Il faut quitter l'oasis aimée pour se replonger dans l'odieuse atmosphère du Sahara ; ôter de l'herbe humide ses pieds un instant rafraîchis pour les mettre encore dans ce sable qui brûle ; dire adieu à la bienfaisante fontaine et affronter encore les vents desséchans dont le souffle énerve comme l'haleine rouge d'un four enflammé.

Clary voulait, la pauvre fille, s'accrocher aux consolantes pensées du ciel. Le désespoir était autour de son âme comme les sables autour de l'oasis. Et l'esprit de l'homme est comme le voyageur : il ne peut point rester immobile.

Clary retomba bientôt dans ses navrantes angoisses. Elle passa et repassa vingt fois par les mêmes alternatives de colère, d'abattement, d'espoir. Elle pria ; elle maudit ; elle pleura...

Les vingt-quatre heures d'une journée s'écoulèrent.

Pas un bruit, si voilé qu'il fût, pas une lueur, si faible qu'on la puisse supposer, n'étaient venus jusqu'à la pauvre recluse. Les ténèbres qui l'entouraient n'étaient point de celles auxquelles l'œil s'habitue. Toujours la même nuit, opaque, lugubre, pesante !

Elle venait de prier. Sa torture faisait trêve un instant pour recommencer sans doute, lorsque la première atteinte de la faim se fit tout-à-coup sentir. Il y avait près de deux jours que Clary n'avait mangé.

Elle porta la main à son sein. Si un sourire d'ange eût pu éclairer cette obscurité absolue, Clary aurait vu les murs de sa prison, car elle sourit doucement et longuement à cette souffrance nouvelle.

Au bout de cette souffrance était la mort. Clary la salua de loin comme une généreuse amie dont les bras ouverts sont un suprême asile.

A mesure que l'inanition faisait en elle des progrès, ses idées changeaient ; mille pensées confuses vinrent à se mouvoir à la fois dans son cerveau empli : pensées poignantes et pensées joyeuses tournant pêle-mêle avec une éblouissante rapidité.

En même temps, son corps affaibli prit une sensibilité exagérée. Elle eut des tressaillemens sans motifs, de folles envies de courir, de se rouler, de danser...

Elle s'agitait en tout sens sur sa litière de paille, et plus d'une fois de convulsifs et soudains éclats de rire troublèrent, par un contraste funeste, le silence mortel de ce tombeau.

La pauvre enfant était *entamée*, suivant l'effrayante expression du docteur Moore.

Son système nerveux commençait à céder aux sourdes attaques de la faim, de la nuit, du silence. — Tout-à-coup des bouffées de terreur indicible la clouaient raide, demi-morte, à sa couche ; — l'instant d'après, un doux chant venait à sa lèvre : — puis elle se taisait, épouvantée par sa propre voix.

Puis encore, sa nuit s'éclairait pour un moment ; de fantasques lueurs couraient en tout sens comme les épis de feu d'une gerbe d'artifice ; — au loin passaient d'étranges visages, des formes livides, des spectres, enveloppés dans de blancs linceuls.

Elle criait faiblement. — La scène changeait. C'était un bal. Ses yeux se fermaient, blessés par l'éclat de bougies. La danse évoluait rapide autour d'elle. C'étaient de beaux cavaliers, des femmes demi-nues, des parfums, des fleurs, des diamans, des sourires...

Elle souriait, elle aussi, elle aspirait les parfums, elle buvait l'harmonie, jusqu'à ce qu'un tressaillement soudain de ses nerfs ébranlés vînt la replonger dans sa nuit; et la douleur physique, faisant irruption alors, elle serrait son estomac contracté entre ses deux mains et gémissait comme un enfant qui souffre durant son sommeil...

Oh ! la science a des moyens puissans pour perdre encore plus que pour sauver. Si Dieu vous a condamné, la science ne saura point retarder l'instant fatal, et ses efforts n'aboutiront qu'à tourmenter votre dernière heure. Mais qu'elle est forte, s'il s'agit de nuire ! Elle peut choisir entre tous les maux sous lesquels l'humanité se courbe ; elle peut les copier, les reproduire, les faire naître...

Au moyen-âge, les grands flattaient leurs barbiers. Nous savons des lords qui courtisent leur médecin, — des lords d'esprit, sur notre honneur !

Une autre journée se passa encore. Clary était si faible qu'elle ne pouvait plus se mouvoir sur sa couche. L'idée de Dieu avait fui.

Mille pensées impossibles se succédaient dans son cerveau débilité.

Sa sœur, son père, Stephen passaient devant ses yeux, et passaient sans la voir. Elle voulait les appeler ; sa voix s'arrêtait dans son gosier sec et enflé.

Puis une autre image encore se montrait dans le lointain.

Clary alors mettait ses deux mains sur ses yeux lassés de pleurer ; des larmes abondantes ruisselaient à travers ses doigts, et sa voix mourante murmurait :

— Edward !... Edward !...

XXVII

HALLUCINATION.

C'était une affreuse agonie! Rien ne se peut comparer à ce lent, à ce mortel supplice. L'idée seule de cette impitoyable torture serre le cœur et amène le frisson.

On ne peut dire qu'avant cela Clary Mac-Farlane ignorât la souffrance. Depuis six mois elle souffrait, parce qu'un amour puissant, irrésistible, était entré dans son cœur malgré elle, et froissait les scrupules dévots de sa conscience; elle souffrait encore parce que cet amour, caché à tous les yeux, rompait la confiance sans bornes qui avait existé jusque-là entre elle et sa sœur; elle souffrait, enfin, parce que cet amour, d'autant plus ardent qu'on tâchait davantage à l'étouffer, brûlait, flamme silencieuse et solitaire, sans autre aliment que de vagues espoirs, un désir ignorant, mais immense, et, de loin en loin, quelques heures de contemplation muette en face de l'homme aimé.

Mais cette souffrance était de celles qu'on chérit à l'égal du bonheur. C'est elle que les poètes ont nommée le *doux martyre*. Elle met, certes, bien des larmes souvent dans les yeux des jeunes filles, mais quand plus tard, heureuses, elle se souviennent de ces larmes, leur regard se voile, leur sein se soulève, un souffle passe entre leurs lèvres épanouies en un mélancolique sourire. Ce souffle est un soupir. Elles regrettent.

Et, au lieu de ce doux mal d'amour qui porte avec soi sa consolation et ses joies, Clary se trouvait tout-à-coup plongée dans l'atroce réalité d'une détresse inouïe, et qu'elle n'aurait pu redouter sans folie deux jours auparavant.

Il y avait dans Londres une débile et malheureuse enfant qui se mourait d'un mal inconnu, et l'on avait pris Clary, forte, exubérante de sève, radieuse de beauté, on l'avait prise pour changer à plaisir sa force en défaillance, sa sève en atonie. On avait jeté la nuit d'une tombe comme un voile impénétrable sur les perfections de son corps ; on pressait son âme entre la solitude et le silence; on la minait au physique en même temps qu'au moral ; on appauvrissait de propos délibéré sa vaillante nature ; on ruinait scientifiquement son tempérament et son esprit.

Cela pour expérimenter ensuite, pour la traiter en cadavre voué aux études médicales.

D'ordinaire les membres de Royal-College essaient leurs remèdes sur des chiens. — Le docteur Moore avait désespéré sans doute de rendre une chienne hystérique. — Et puis, ce praticien illustre n'en était pas à cela près de tuer une femme en passant.

Nous l'avons entendu expliquer fort paisiblement son système au marquis de Rio-Santo.

Il attaquait Clary par la diète et la séquestration absolue dans l'obscurité.

Voilà tout, vraiment. — Comme ces termes de médecine arrangent les choses ! la diète et la séquestration. Ceci n'est point très redoutable, n'est-ce pas ? Mon Dieu non. — Seulement, la diète, c'est la famine, et la séquestration un cachot.

Ces moyens sont absolument infaillibles pour arriver au point où en voulait venir le docteur. Toute femme, jeune et pubère, soumise au *traitement* infligé à Clary Mac-Farlane, eût été brisée comme elle. Ici, la force ne sauve pas ; elle nuit, et les tempéramens les plus riches sont les plus facilement prostrés.

Il n'y a que la vigueur d'âme qui puisse résister un temps, mais l'âme est vaincue à son tour ; elle finit par suivre, domptée, l'aberration des sens. L'intelligence souffre chez l'hystérique, faiblit, s'endort dans l'apathie, ou meurt, tandis que le corps lui survit misérablement dans l'idiotisme ou la folie.

Au bout des deux premiers jours de *diète et de séquestration,* Clary Mac-Farlane éprouvait déjà tous les symptômes d'une affection nerveuse fort avancée. Elle ne se rendait plus compte de son état qu'à des intervalles lucides devenant de plus en plus rares. La faim, qui était maintenant le principe le plus actif de sa souffrance, ne se bornait plus à tirailler son estomac en d'intolérables angoisses, elle envahissait le corps tout entier. Ses membres étaient rompus, ses reins courbaturés ; sa tête tournait, et devant ses yeux brûlans passaient de douloureux et rapides éblouissemens.

Parfois, elle se sentait mourir ; — d'autres

fois, elle pensait, avec un désespoir amer, qu'elle pourrait vivre ainsi bien long-temps encore. Elle n'osait plus prier. Entre elle et Dieu, qu'elle se représentait terrible, inexorable, suivant les idées de la dévotion écossaise, une image humaine se plaçait obstinément ; sur sa lèvre, un nom était sans cesse qui, mêlé à l'oraison, l'eût rendue sacrilége.

C'était Edward, Edward qu'elle aimait, qui était tout pour elle, qui l'emplissait si bien et dominait si énergiquement les dernières et fugitives lueurs de sa pensée, que son âme pieuse en perdait le souvenir de Dieu...

Mais la justice divine peut-elle imputer à crime le trouble funeste des heures de l'agonie? L'âme qui chancelle aux limites de la vie peut-elle pécher encore?

La pauvre Clary, d'ailleurs, avait essayé de chasser cette image envahissante pour se retourner vers le ciel; mais elle n'avait pu. Edward était là, toujours là, paré de sa beauté presque surhumaine et paré encore des mille prestiges de l'absence et des regrets. Il était là, donnant son front rêveur à la religieuse lumière des lampes comme à Temple-Church, ou mollement couché dans une bergère, éclairé par un rayon du soleil levant, et lançant à travers la rue populeuse cet unique baiser dont Clary croyait sentir le souffle bienfaisant et frais sur sa lèvre ardente.

Lorsque cette image se voilait, c'est que

Clary, insensible ou domptée par la douleur, ne pouvait plus penser. — Mais le souvenir adoré revenait bien vite. Il revenait, tantôt portant avec soi de navrans regrets, tantôt accompagné d'ineffables extases...

Ces maladies où le système nerveux et le cerveau sont attaqués présentent une série toujours nouvelle et inattendue de phénomènes étranges. Ce sont des souffrances inouïes, mais aussi des voluptés incomparables, des rêves comme l'opium en inspire aux illuminés de l'Orient. On est en enfer pour moitié, pour moitié en paradis, et ce contraste tue.

Clary, étendue sur sa couche de paille, eut, durant sa longue nuit, bien des visions terribles ; elle en eut de charmantes, elle en eut où la douleur et la joie se mêlaient bizarrement.

Une fois le sourire la prit, un sourire heureux et tranquille au milieu d'une convulsion. Plus d'une fois les larmes l'avaient prise dans un sourire. Il n'y a point là de transition entre le bien et le mal ; ils se disputent l'un l'autre, en des luttes folles, un dernier débris de vie que précipitent tour-à-tour vers un dénouement mortel les dures atteintes de la souffrance et les mystérieuses caresses d'une meurtrière volupté.

Cette fois dont nous parlons, Clary s'était vue tout-à-coup entre les bras d'Edward qui traversait, au galop d'un magnifique cheval, les rues encombrées de Londres. A droite, au devant, à gauche, la foule s'écartait épouvantée. Le cheval volait. — Edward, ferme et calme sur la selle, arrondissait son bras autour de la taille affaissée de Clary. Elle sentait la douce pression de ce bras dont la main s'arrêtait juste sur son cœur.

Penchée en arrière, elle regardait Edward, comme on regarde lorsque les yeux se touchent presque, et que les prunelles se choquent en un magnétique contact. Son haleine montait jusqu'à la bouche d'Edward ; elle le sentait avec tout son corps et défaillait d'allégresse.

Edward, lui aussi, la regardait et lui souriait. Clary voyait un monde dans ce sourire.

C'était à la fois celui d'un maître qui descend jusqu'à aimer et celui d'un chevalier qui adore et qui sert. Il était impérieux, royal, mais il était tendre et soumis.

Le beau cheval courait toujours. Ses quatre fers bondissaient, élastiques, sur le pavé retentissant. Les brunes maisons de Londres fuyaient comme emportées par un tourbillon...

De temps en temps le bras d'Edward se tendait pour remonter Clary sur la selle. Alors elle se sentait plus près et mieux. Ses yeux humides remerciaient, tandis qu'Edward se penchait en souriant et baisait le bout de ses cheveux.

Cette chimère de bonheur agissait si puissamment sur ses sens déçus, que de grosses gouttes de sueur inondaient ses tempes, et que sa poitrine étouffée râlait avec effort...

Londres disparaissait déjà dans le lointain. C'étaient maintenant de belles campagnes qui riaient au soleil et déployaient à perte de vue les vastes richesses de leurs lumineux horizons. — Qu'on est bien pour aimer dans l'espace libre ! Que l'air des solitudes soulève délicieusement un sein oppressé de tendresse ! Que l'amour est plus beau en face des larges splendeurs de la nature, et combien la nature s'embellit sous le regard enchanté de l'amour !

Clary se laissait aller mollement, ou se

plongeait avec ardeur dans ce bonheur qui l'entourait de toutes parts. Faible contre ces mortelles délices, elle leur donnait son dernier souffle d'un cœur prodigue. Son regard glissait du noble visage d'Edward aux magnificences du paysage, et revenait, fasciné, se perdre dans le regard de son amant.

Lui précipitait, d'un bras infatigable, la course rapide du beau cheval. Les horizons fuyaient comme naguère les maisons de Londres. Les aspects changeaient. — C'étaient tour-à-tour des monts, des lacs, des forêts, d'opulentes moissons gardées par quelques toits de chaume. — C'étaient, au loin, le sombre profil d'une cité, les tours grises d'un vieux château, la ligne d'azur d'un fleuve promenant son cours sinueux par les prairies. — Et, sur tout cela, le soleil versait ses flots d'or.

L'amour et le soleil, les deux flambeaux du monde! — On ne meurt pas de joie dans la vie réelle; mais Clary était en dehors des réalités. Sa détresse comme ses joies dépassaient les bornes humaines. — Elle allait mourir de bonheur.

Tout-à-coup, la course prit fin. Le beau cheval s'arrêta. Clary le chercha et ne le vit plus. — Le soleil abaissait lentement son disque rougi et se cachait derrière une montagne.

Clary était assise sur le gazon. Il lui semblait

reconnaître le paysage des alentours. Elle regarda mieux. — C'était bien la sombre nature de l'Écosse méridionale. C'était son pays, et tous les objets qu'avait aimés son enfance se groupaient autour d'elle : la maison qu'habitait son père avant d'acheter le château de Crewe, la ferme de Leed, les bois de Sainte-Marie, au milieu desquels s'élevait, solitaire, la petite maison de Randal Graham, le torrent de Blackflood et les ruines moussues du vieux couvent.

Auprès d'elle, assis également sur le gazon, était toujours Edward, muet comme elle, et parlant uniquement avec ses yeux charmés.

Elle mit sa tête sur l'épaule d'Edward. — Il y avait à l'entour un repos suave, un calme infini. La brise des soirs passait en silence, toute chargée des frais parfums qu'exhalent les champs au coucher du soleil. La campagne se taisait, recueillie.

Les voluptés du jour étaient dépassées. Mieux vaut encore l'indécise clarté des soirs que ces éblouissans rayons du soleil de midi. Mieux vaut le repos que la course. Il faut à l'amour, pour atteindre l'apogée de ses sensuelles douceur, la paresse et l'ombre.

Comme elle aimait ardemment et au delà de ce que la parole sait peindre! Elle était pure et ne pouvait rêver que de pures tendresses, mais quel feu inconnu le délire mettait parmi ses virginales pensées! Elle aimait, elle aimait...

Un tressaillement douloureux vint agiter ses membres : ce n'étaient pas cette fois ses nerfs malades qui l'agitaient ainsi, c'était encore le songe. — Elle venait de voir, assise comme elle sur le gazon, de l'autre côté d'Edward, une femme.

Son cœur eut froid et saigna.

Cette femme, elle ne distinguait point ses traits et apercevait vaguement sa taille, comme une forme indécise, dans l'obscurité croissante de la nuit. — Elle se serra contre Edward, qui ne répondit point à son étreinte.

Clary, jalouse, atteinte dans son amour sans bornes, regarda de nouveau cette femme, — cette ombre, — sa rivale.

Elle reconnut sa sœur et prononça son nom avec désespoir.

Anna se retourna, souriante. — Edward regarda l'une, puis l'autre, comme s'il eût hésité, puis, repoussant Clary d'un geste froid, il se mit à genoux aux pieds d'Anna.

Clary, la pauvre fille, poussa une plainte déchirante, et tomba, raide, sur la paille de sa prison.

Alors, dans le cachot, le silence fut aussi complet que l'obscurité. On n'entendait même plus la faible respiration de la malheureuse captive.

Il n'était point probable que son rêve pût

se réaliser jamais avec ses doux commence-
mens et sa fin éplorée, car l'avenir de Clary
semblait ne pas pouvoir s'étendre désormais
au delà de quelques heures ; mais il contenait
quelque chose de vrai, cependant ; et cette
mystérieuse faculté de divination qui précède,
dit-on, la mort, venait de révéler à Clary l'a-
mour d'Edward pour sa sœur.

Le silence le plus complet régna dans sa
cellule durant une demi-heure environ. Au
bout de ce temps, on aurait pu saisir un faible
bruit venant du plafond. En même temps, un
rayon de forme conique traversa les ténèbres,
mettant en lumière les atomes suspendus
dans l'atmosphère épaisse de la prison.

Le rayon projeta d'abord sur la paille du sol un rond de lumière, puis il se prit à marcher, comme pour éclairer successivement toute la surface du plancher. Après quelques tâtonnemens, Clary se trouva tout-à-coup illuminée.

Elle gisait sur la paille, privée de sentiment. Ces deux jours de torture l'avaient rendue presque méconnaissable. Son noble visage, amaigri par la souffrance et la faim, gardait, en outre, des traces de la convulsion qui l'avait récemment agitée.

Un bourreau n'eût pu contempler sans pitié les effets de ce barbare supplice, exercé sur une créature si belle, si admirable encore dans sa misère! Un bourreau aurait eu compassion de ces pauvres mains blanches qui pressaient, avec un geste de muet désespoir, ce sein harmonieux qui ne battait plus, — de ces joues pâles et creusées par la souffrance, — de cet œil grand ouvert et terne, — de ces rides douloureuses qui se creusaient à l'entour d'une bouche d'enfant, si bien faite pour le sourire!...

Mais l'homme qui, d'en haut, dirigeait la lanterne n'eut pas pitié. Ce n'était pas un bourreau. C'était maître Rowley, l'aide-pharmacien au service du docteur Moore.

Il promena soigneusement la lueur de la lanterne sur toutes les parties du visage de miss Mac-Farlane, et dit, examen fait :

—Ta ta ta ta!... après tout, ça ne vaut pas cent guinées!... Mais puisqu'elles sont payées, il ne faut pas les perdre... et je crois que l'enfant a envie de mourir comme cela, sans nous en demander permission.... Peuh!.... nous avons bien ressuscité un pendu; nous empêcherons bien la petite de nous fausser compagnie... Ta, ta, ta, ma fille, vous nous coûtez cent guinées, et vous vivrez encore un petit peu pour notre argent...

XXVIII

L'AIDE-PHARMACIEN.

Maître Rowley ferma soigneusement le guichet par où s'était introduite la lumière de sa lanterne, puis il se redressa sur ses pieds et laissa retomber un coin du tapis qui cacha entièrement le trou.

Maître Rowley était chez lui, au second étage de la maison du docteur Moore. Sa chambre, comme sa personne, était fort laide à voir. Une multitude innombrable de fioles de toutes tailles, la plupart couvertes de poussière, lui donnaient un aspect tout particulier, mais assez peu séduisant. Elle exhalait, en outre, un parfum de pharmacopée tellement âcre et saisissant, qu'un homme s'y fût empoisonné par le nez.

On ne peut point dire que maître Rowley engraissât positivement dans cette pestilentielle atmosphère. Il était maigre et noueux comme un cep de vigne en hiver ; mais il s'y portait du moins à merveille. Cette infâme odeur de drogues et de préparations diabolique affectait très agréablement les narines de son nez mince et recourbé; la vue de toutes ces fioles poudreuses réjouissait son œil gris caché derrière de rondes lunettes en pinces. C'était son arsenal et sa bibliothèque; c'était sa cave, aussi, car maître Rowley mettait son gin dans des bouteilles à médecine, et ne buvait jamais plus gaillardement que lorsqu'il fourrait dans sa large bouche le goulot entier d'un flacon dont l'étiquette portait : *Laudanum, acide hydro-cyanique*, ou quelque autre titre infernal.

Il n'y avait chez lui qu'un seul livre, c'étaient les *Toxicological Amusements* du docteur Venom. Ce volume, dont nos lecteurs ont entendu parler peut-être, sous le titre mignon de *Récréations toxicologiques*, enseigne à empoisonner les chats, les serins, les taupes, les anguilles, — et les hommes, par occasion.

Maître Rowley en lisait un chapitre tous les soirs avant de se coucher. Cela l'endormait tout doucement, comme aurait pu faire une ode en l'honneur de Wellington ou un discours imprimé de lord Stanley.

Ce maigre et jaune coquin était la pharmacie faite homme, le poison incarné. Il se trouvait mal à l'aise au grand air et ne respirait comme il faut que dans une atmosphère viciée. — Il y a, dit-on, des gens incombustibles ; nous pensons que maître Rowley était à l'épreuve du poison, et qu'il eût impunément avalé un beefsteack saupoudré d'arsenic en guise de poivre.

Il avait été spécialement chargé par Moore de la garde de Clary Mac-Farlane. Le docteur avait fixé lui-même deux jours pour terme à la diète absolue de la captive. Les deux jours étaient écoulés. Rowley avait voulu voir.

L'aspect de Clary, gisant évanouie sur la paille de la prison, ne fit sur lui aucune espèce d'impression. C'était la chose du monde la plus simple. Il ne fut pas même étonné, parce que, dans ses prévisions, cela devait arriver ainsi.

Il choisit dans son arsenal une demi-douzaine de fioles et descendit dans le cabinet du docteur. Le docteur était absent. Pour mille motifs, il ne laissait pénétrer jamais âme qui vive durant son absence dans le sanctuaire de ses savans et ténébreux travaux ; mais Rowley était une manière de corps sans âme et ne comptait point. Il appartenait d'ailleurs complétement à Moore, qu'il aimait en raison de son venin, comme il eût aimé un serpent à sonnettes.

— C'est une chose assez délicate, grommelait-il en gagnant le cabinet à son aise. — Perdre un sujet de cent guinées !... Mais aussi pourquoi donner cent guinées ? Il l'aurait eu pour cinquante... Et que de bonnes choses on aurait pu acheter avec les cinquante autres !

Maître Rowley se sentit venir l'eau à la bouche comme un gourmand qui parle de friandises. *Bonnes choses*, pour lui, signifiait naturellement drogues et poisons.

Il traversa le cabinet du docteur et ouvrit une porte qui tourna doucement sur ses gonds huilés. Cette porte était rembourrée par derrière et touchait presque une seconde clôture, également recouverte de laine, qui donnait entrée dans la prison de Clary.

Maître Rowley avait toujours à la main sa lanterne. Il en retira la bougie et la cellule se trouva subitement éclairée.

C'était une pièce fort petite, prise sur l'appartement particulier du docteur, et préparée évidemment pour l'usage auquel on la faisait servir depuis trois jours. Les chapitres qui précèdent suffisent à peu près pour en donner une idée au lecteur. Ses murailles étaient, comme nous l'avons dit, soigneusement matelassées. Il y avait pour tout meuble une étroite escabelle.

La seule chose que nous devions ajouter, c'est que l'étoffe qui soutenait la laine le long des murailles était noire, afin sans doute de prévenir tout rayonnement intérieur.

C'était bien un tombeau. La lumière de la bougie, absorbée de tous côtés par la noire tenture, semblait n'avoir point la faculté d'éclairer. Elle avait donné du jour seulement à la blanche figure de Clary Mac-Farlane, qui se renversait sur le sol parmi les flots mêlés de sa riche chevelure.

Maître Rowley mit la bougie sur l'escabelle qu'il approcha de Clary.

— Bonjour, mon enfant, bonjour, dit-il; — ce sont là de beaux cheveux, ma foi... et de belles dents... Mais cent guinées!... Au fait, ça ne me regarde pas... Ce qu'il y a de sûr, c'est que ce diable de trou n'est pas un lieu de plaisance !

Il promena par dessous ses lunettes son regard tout autour de la chambre.

— Eh mais ! grommela-t-il, c'est de bonne

étoffe noire, ma foi, dont on aurait pu faire habit, veste et culotte ! Et de la laine dessous, de quoi bourrer une demi-douzaine de traversins... Ta ta ta ta !... Tout cela, c'est de l'argent !

— Allons, mon enfant, allons, reprit-il après ces réflexions économiques ; — nous sommes donc en pamoison... Hé hé... notre petit cœur ne bat plus guère... Notre souffle ne ferait pas tourner un moulin, non !... Allons, mon enfant, respirons quelque chose de bon pour nous remettre.

Il flaira l'une après l'autre, avec une évidente satisfaction, toutes ses fioles, et finit par en mettre une, ouverte, sous le nez de Clary.

C'était sans doute quelque préparation bien puissante, car Clary poussa tout de suite un gémissement faible et tordit convulsivement les brins de paille qui s'étaient engagés dans ses doigts.

— Bien, bien, mon enfant! murmura maître Rowley qui avait eu la précaution de lui fermer les yeux; voulez-vous manger un morceau?

Clary était retombée dans son immobilité.

— Qui ne dit mot consent, reprit l'aide pharmacien avec une sorte de bonhomie; et, de fait, ma fille, vous devez avoir appétit... Attendez-moi un petit instant.

Il remit sa bougie dans la lanterne et sortit pour revenir aussitôt après avec un morceau de pain.

— Comme nous allons nous en donner, ma fille ! dit-il encore à Clary qui ne l'entendait pas...

Le morceau de pain fut mis par lui dans la main de Clary.

Puis il plaça de nouveau la fiole sous ses narines.

— En s'éveillant, elle va perdre son dîner, c'est une chose sûre ! se dit-il, mais elle cherchera... Allons, mon enfant.

Clary s'agita en de faibles tressaillemens,

puis elle ouvrit les yeux. — Rowley souffla prestement sa bougie.

— O mon Dieu ! murmura la récluse, j'ai cru que je voyais !...

Elle entendit le bruit d'une porte qui se refermait, puis tout rentra dans le silence.

Galvanisée par ce son, le premier qu'elle eût entendu depuis trois jours, elle eut la force de s'élancer vers l'endroit d'où il était parti, elle ne trouva que l'uniforme matelas, qui, partout, recouvrait la muraille.

— Est-ce encore un rêve ! pensa-t-elle en retombant accablée.

Maître Rowley était remonté dans sa chambre, et avait ouvert doucement le guichet.

— Elle aura perdu son dîner, bien sûr ! se disait-il, suivant son idée de tout à l'heure ; et pourtant il faut bien qu'elle mange !.... Je déclare que je suis très embarrassé.

Maître Rowley se gratta l'oreille durant une seconde. Il n'en faut pas davantage aux grands esprits pour concevoir un plan.

Quand il se fut gratté l'oreille, il dit bien doucement et avec la voix que devait prendre *compère le loup* avant de dévorer le petit Chaperon rouge :

— Cherchez, ma fille, cherchez !... Dieu

qui donne la pâture aux oiseaux, a mis à vos pieds un morceau de pain...

Clary leva vivement la tête et vit au dessus d'elle une lueur indécise qui disparut aussitôt. C'était le guichet qui se refermait.

Maître Rowley n'avait pas calculé l'effet de ce coup de théâtre.

Pieuse jusqu'à l'exaltation, élevée dans les mystiques croyances de la dévotion écossaise, Clary Mac-Farlane prit au pied de la lettre les paroles de cette voix inconnue qui lui arrivait d'en haut. Toute son ardente dévotion, un instant assoupie par le découragement, se réveilla soudain au dedans d'elle. Elle se repentit amèrement d'avoir désespéré ;

elle pria Dieu du fond du cœur, avec confiance, avec amour.

Puis elle tâta le sol autour d'elle, afin de trouver ce pain de miracle.

Elle le trouva et s'agenouilla pour rendre grâces à la main divine qui lui venait en aide. Sa foi, ranimée par la prière, plus encore que la nourriture insuffisante, avidement dévorée après un si long jeûne, lui redonnèrent du calme et presque de la force.

Plus de visions terribles ou folles, nous dirions presque plus d'effroi. La pensée du ciel éclairait sa nuit, et Dieu peuplait sa solitude.
— Si le rayon de la lanterne sourde de maître

Rowley eût pénétré en ce moment dans la prison de Clary, l'aide-empoisonneur eût été assurément fort étonné de l'effet produit par son petit morceau de pain.

Clary Mac-Farlane s'était assise à terre et appuyait ses reins à la paroi rembourrée de sa cellule comme au dossier d'un fauteuil. Elle était bien pâle encore, mais un calme sublime reposait sa physionomie. Ses yeux, élevés vers le ciel, reflétaient un religieux, un pur espoir, —et, par espoir, nous n'entendons point ce sentiment dont les aspirations vulgaires ont leur but en ce monde. Clary se savait ou se croyait condamnée à mourir. Son espoir était au delà des choses de la vie. C'était comme un avant-goût de cette quiétude sainte et sans

bornes qui suit, pour le **juste,** les **angoisses**
de la dernière heure.

Sa bouche, aux lèvres de laquelle un peu
de sang était revenu, apâlissait l'éclat accoutumé de son corail pour prendre une teinte
doucement rosée, et souriait un angélique
sourire.

Elle était belle ainsi, belle jusqu'à la splendeur ; elle était belle et touchante. Dieu, qu'elle
implorait, devait laisser tomber sur elle, son
œuvre exquise, sa créature parfaite qui, parmi
les épreuves d'une lente agonie, donnait son
âme de vierge à la prière, un regard de paternel amour...

Les hommes l'eussent adorée ; **les anges**
l'attendaient.

Ce repos dura plusieurs heures, — tant que Clary put prier. Au bout de ce temps, un murmure sourd se fit en son cœur, troublant par de profanes interruptions la sainte voix de l'oraison.

Clary sentit le retour prochain de cette lutte terrible où elle avait failli succomber. Elle se redressa, vaillante, en face du supplice et ceignit ses reins pour le combat.

La tentation revint en effet, forte des faiblesses qui pressaient fatalement l'âme de la pauvre recluse, forte du silence, des ténèbres, de la solitude. — Clary revit Edward, toujours beau, dominateur, hélas! toujours aimé! Elle détourna la tête, mais de quelque côté que fussent ses yeux fascinés, Edward était là; il la suspendait à l'attraction de son sourire, il la rendait folle encore et se mettait obstinément entre elle et Dieu.

Ce fut une lutte épuisante, dont les détails ne se peuvent point raconter. Toutes les tortures se pressaient autour de ce pauvre cœur qui allait cesser de battre. Elle se souvenait de son rêve et voyait encore parfois l'ombre de sa sœur entre elle et cet homme, qui tenait si bien sa pensée esclave, que le ciel invoqué luttait en vain pour l'affranchir.

Oh! qu'il était beau et digne d'amour! Comme sa tête fière dépassait superbement le vulgaire niveau de la foule! Comme son regard enivrait! Comme son sourire rayonnait la séduction tout autour de lui!

Clary résistait en vain. Elle était vaincue. Seulement, sa défaite avait changé d'aspect. Elle ne s'élançait plus vers son vainqueur avec ce fiévreux entraînement de tout à l'heure; elle ne l'appelait plus de toutes les voix de son âme, heureuse de pécher, s'il était complice, heureuse de se perdre avec lui. Sa peine était austère et grave maintenant. Tout en cédant, elle se repentait; tout en aimant, elle regrettait d'aimer. Parmi sa fatale extase, il y avait d'énergiques retours vers Dieu. La lutte se prolongeait après la défaite, et Clary, cette fois, ne se réconciliait point avec sa faiblesse.

Et, de même qu'elle n'avait plus de joies délirantes, elle n'avait plus de désespoirs. Sa sœur Anna était toujours sa sœur chérie. L'angoisse des jalouses pensées était impuissante à fausser sa tendresse.

Anna ! ce nom aimé eût été, comme le nom de Dieu, une égide contre l'obsédante attaque de l'amour, si l'amour n'eût atteint dans le cœur de Clary des proportions extraordinaires. Mais elle aimait, la pauvre enfant, si passionnément et si fort, que tout s'effaçait devant sa tendresse.

La faim revenait, la faim et l'épuisement. Avec eux reparaissaient les principaux symptômes de sa fièvre nerveuse. Mais l'abattement dominait, et Clary, en un moment de trêve, ferma les yeux et s'endormit de ce sommeil pénible qui ne repose point et prolonge les ennuis de la veille...

Le docteur Moore tardait bien ! — Qui sait si Clary devait s'éveiller de ce douloureux et morbide sommeil? — Mais le docteur Moore passait une partie de ses jours à Irish-House, où il faisait laborieusement l'inventaire du cabinet secret du marquis de Rio-Santo.

Et Rowley avait inventé une préparation nouvelle, entièrement nouvelle, qui tuait un chien de quatre mois en trois secondes, cinq tierces et une fraction inappréciable. Rowley en inférait que cette potion tuerait un homme en un quart de minute. C'était un bien joli résultat. Rowley en perdait la tête.

Clary s'éveilla, pourtant. — En s'éveillant, elle se trouva couchée sur un lit, au dessus duquel se croisaient des rideaux de damas sombre, dans une chambre inconnue qu'éclairait faiblement une lampe à garde-vue, posée sur un guéridon fort éloigné du lit. En face du lit, il y avait une fenêtre dont les carreaux laissaient passer un oblique rayon de lune, qui, combattant victorieusement la lumière de la lampe, traçait une ligne blanchâtre sur le tapis.

Auprès du guéridon, un homme était assis, qui tournait le dos à Clary et feuilletait lentement les pages d'un livre in-quarto.

Cet homme avait un long crâne chauve, sur lequel glissait la lumière, et que bordaient, sur les tempes, deux touffes de cheveux larges et bien fournies, à peu près comme on voit la route battue dans les campagnes se border de chaque côté d'une haie vive.

Du lit, on ne pouvait apercevoir que son profil perdu : une joue plate, d'où s'élançait la pointe aiguë d'un nez en bec d'ibis, un coin de sourcil et le quart d'une paire de lunettes.

Clary ne put guère voir toutes ces choses. C'était la faim qui l'avait éveillée. — Elle mit ses deux mains sur sa poitrine brûlante, en disant :

— Mon Dieu ! que je souffre !

L'homme à l'in-quarto fit une corne à son

volume, qui était le tome premier des *Toxicological amusements,* et se retourna vers le lit, montrant en son entier la face patibulaire de maître Rowley, l'aide-pharmacien.

— Ah! diable! répondit-il; — ah! diable! mon enfant! nous souffrons, disons-nous?... Et bien! ma colombe, nous allons avoir un médecin... et un fameux médecin...

— Du pain! murmura Clary; au nom du ciel, monsieur, un peu de pain!

— Ta ta ta ta! fit Rowley; — du pain, ma fille!... Nous ne donnons pas comme cela du pain à nos malades...

Les idées de Clary se coordonnèrent un peu

en ce moment : elle voulut demander où elle était, s'informer ; mais elle ne trouva plus de voix.

Rowley, lui, avait mis sous son bras le volume des *Récréations toxicologiques* et s'était approché du lit, la lampe à la main.

Clary ferma ses yeux accoutumés à l'obscurité. Rowley la contempla un instant.

— C'est très fort, une jeune fille ! dit-il enfin avec conviction ; — c'est excessivement fort !... Je suis sûr qu'une simple dose de laudanum aurait de la peine..

Il s'interrompit pour sourire.

—Ta ta ta ta ! reprit-il en haussant les épau-

les ; — le laudanum, aussi, est une vieillerie...
Où vais-je chercher le laudanum !... Ah ! je
voudrais bien essayer ma trouvaille sur quelqu'un... Trois secondes, cinq tierces et une
fraction !...

Les lèvres de Clary devenaient blanches et
ses paupières tremblaient.

— Oh ! oh ! s'écria maître Rowley en remettant dans sa poche un petit flacon qu'il
avait atteint et qu'il caressait depuis quelques
instans avec amour ; voici l'enfant qui va avoir
une crise... C'est l'affaire du docteur.

XXIX

RÉVEIL.

Il est des choses que la plume se refuse à décrire. Nous en avons dit assez pour que le lecteur comprenne ou devine quelle dut être la conduite du docteur Moore auprès du lit de

Clary Mac-Farlane. Il ne venait point là pour prêter à l'agonie le secours de sa science ; il venait pour expérimenter, au risque de tuer.

Et l'expression dont nous nous servons ici est trop douce; elle n'accuse pas assez. Pour le docteur, en effet, la mort de Clary n'était point une chance, mais une certitude. Cela est si vrai, qu'il se présenta devant son lit le visage découvert. — Or, le docteur Moore était était un homme prudent. Pour agir ainsi en face de sa victime, il fallait qu'il fût bien sûr de son silence.

Nous avons vu représenter à Londres la traduction d'un drame, fameux de l'autre côté du détroit, où une reine de France, — une reine apocryphe, — détache son masque en présence de l'homme qui vient de la posséder. Mais, derrière cet homme, il y a un poignard levé. D'une main, la reine se découvre le visage, de l'autre elle fait un signe, et le poignard tue.

Ce drame n'était pas fait alors ; le docteur Moore ne peut donc être accusé de plagiat ; mais, en tout temps, le crime eut les mêmes allures, et son masque, en tombant, sert toujours de funèbre signal.

Le docteur avait condamné Clary, et cette sentence était sans appel. Elle devait traîner sa vie de tortures tout le temps nécessaire aux expériences de Moore, puis...

Nous n'entrerons point dans le détail des expérimentations du docteur Moore. A part la repoussante horreur de cette peinture, qui nous effraie, nous ne pourrions nous faire comprendre du lecteur qu'à l'aide d'un formidable déploiement de notes, expliquant, ligne par ligne, le langage technique que nous serions forcé d'employer.

Nos charmantes ladies trouveront peut-être l'excuse maussade. Il est certain que, si nous écrivions exclusivement pour les *sporting-gentlewomen* et les patronesses d'Almack, — la fleur des Trois-Royaumes, en vérité,—nous ne croirions point devoir nous arrêter pour si peu. N'avons-nous pas vu, en 1827, lors du fameux procès du docteur Cootes-Campbell, accusé d'avoir inoculé à une jeune fille de douze ans, à l'aide d'une lancette, un virus de la plus terrible essence, tout exprès pour combattre le mal et se faire une *spécialité*, n'avons-nous pas vu le prétoire empli de robes de mousseline et de blanches coiffures ! On vendait les billets d'entrée jusqu'à dix guinées, et il n'y en avait point au dessous de cinq.

Oh ! certes, belles ladies, ce n'est pas pour vous que s'arrête notre plume. Vous êtes des femmes fortes, et, si la *question* ordinaire et extraordinaire existait encore, vous vous ruineriez, mesdames, à retenir vos places aux côtés du tourmenteur. — Ce serait grand dommage pour les entreprises dramatiques.

Queen's-Theatre tomberait à plat, — mais quelle fabuleuse fortune ferait le bourreau de Londres !

Si nous reculons devant un hideux tableau, c'est que ces lignes, avant d'être lues à Londres, passeront le détroit. — Or, on prétend que les ladies de France n'aiment point de passion les bonheurs de l'amphithéâtre, et laissent aux femmes de vie équivoque et aux commères, qui sont les mêmes par tout pays, l'exclusive jouissance des abords de la guillotine.

C'est incroyable ! nous sommes prêt à en convenir. Mais, que voulez-vous, miladies. Il faut nous montrer clémens envers ces faibles Parisiennes, qui ne savent point prendre leur plaisir où vous trouvez le vôtre. Elles y viendront peut-être. Déjà, nous a-t-on rapporté, les dames qui fument commencent à manger des tranches de bœuf cru, tout comme Vos Seigneuries. Un peu de patience ! l'anglophilie est fort à la mode en haut lieu. Nous arriverons, vous verrez, à mettre un peu de notre gros poivre parmi les mœurs fades et poudrées à blanc de cette pauvre France, qui, en ce moment, ne nous va pas à la cheville.

C'est pourquoi, miladies, *rule, Britannia !* l'Angleterre pour toujours ! que Dieu nous bénisse ! etc., etc.

Et, puissiez-vous fréquenter Old-Bailey pendant de longs jours encore !

Ce que nous venons de dire du docteur Cootes-Campbell, qui fut du reste *honorablement* acquitté, quoique sa culpabilité fût plus claire que le jour, pourrait nous dispenser d'appuyer sur la réalité du triste épisode dont nous tâchons en ce moment d'abréger les détails. Mais la chose est si atroce en soi, si en dehors des mœurs d'un peuple civilisé, d'un peuple surtout qui monte sur les toits pour proclamer à son de trompe sa fastueuse philantropie, elle est enfin, il faut l'avouer en frémissant, si particulière à notre malheureux pays, quelle pourrait soulever au loin quelques incrédulités peut-être. — De grand cœur, nous voudrions que le doute fût permis. Mais les faits parlent. Les cas d'expérimentation sur le vif sont innombrables, et le nom des médecins cités pour ce fait devant la Thémis anglaise remplirait une longue page.

Nos médecins sont des hommes fort savans nous connaissons parmi eux des gens parfaitement honnêtes ; peut-être même, qui sait ! dans le nombre, trouverait-on un cœur compatissant. — Mais il y a une chose terrible : c'est que le docteur Moore n'est point un portrait de fantaisie.

Tout Londres l'a connu sous un autre nom, et beaucoup, parmi ceux qui l'ont connu, n'ont point ignoré ses expériences homicides. Et pourtant c'est un homme illustre ; son nom est inscrit au Panthéon britannique...

Quoi d'étonnant à cela? Manger de la chair

humaine est une fort laide habitude ; mais on ne songe point à l'imputer à crime à certaines peuplades, desquelles ont dit seulement : — Ce sont des cannibales.

Le docteur Moore était un *physician*.

Qui ne sait que l'homme est porté à donner le fait pour l'excuse ou pour l'explication du fait? C'est là un des mille sophismes du sens commun.

Le docteur Moore passa cette nuit entière au chevet de Clary Mac-Farlane. Au moment ou Rowley l'avait appelé, la pauvre enfant était en proie à une furieuse attaque de nerfs. Le docteur déploya auprès d'elle toutes les délicatesses de son expérience consommée. Il n'en fallait pas tant pour la sauver. — Mais Moore ne voulait point la sauver.

Vers le matin, il regagna son cabinet, où il jeta rapidement quelques notes sur le papier.

Clary dormait un bon et paisible sommeil.

— Qu'en faut-il faire ? demanda maître Rowley qui pensait à sa préparation nouvelle.

— Il faut déterminer d'autres accidens, répondit le docteur avec réflexion. Cette nuit a été précieuse; — je suis content... Mais je ne connais qu'un côté du mal de miss Trevor.

Il médita durant quelques minutes et reprit :

— Faites porter son lit dans la chambre noire, Rowley... Désormais, elle aura perpétuellement besoin de sommeil... De temps en temps, vous ouvrirez le trou et vous l'éveillerez brusquement.

Rowley sortit. — A dater de ce moment, Clary fut vouée à ce barbare supplice que les agens de la république française infligèrent, dans la prison du Temple, au malheureux fils de Louis de Bourbon. Prise d'un lourd et irrésistible sommeil, elle fut périodiquement éveillée en sursaut par les éclats d'une voix terrible qui tonnait au dessus de sa tête.

Car maître Rowley faisait les choses en conscience. Il s'était muni d'un porte-voix.

Au bout de trois jours, Clary était arrivée à peu près à l'état désiré pour de nouvelles expériences. Sa riche et robuste nature, complétement désorganisée, ne conservait point de force. En revanche, sa sensibilité nerveuse, accrue jusqu'à toucher l'épilepsie, s'irritait encore, s'irritait sans cesse aux cruelles surprises de son périodique réveil.

Mais la maladie de miss Trevor changea tout à fait d'aspect, comme nous l'avons vu. Devant ce mal inconnu, le docteur Moore s'arrêta indécis. Il ne pouvait pas plus le faire naître chez autrui que le combattre chez miss Trevor. Un instant, le docteur cessa de s'occuper de Clary qui lui devenait inutile, et la laissa aux soins de maître Rowley, qui partagea ses loisirs entre elle et les *toxicological amusements*.

Nous aurons occasion de voir si cette circonstance fut un soulagement pour la pauvre fille.

Nous savons maintenant ce qu'avait voulu dire le docteur Moore en parlant au marquis de Rio-Santo de symptômes nouveaux et d'une crise terrible éprouvée par miss Trevor. Leur conversation et les événemens qui la précédèrent avaient lieu le lendemain du jour où Frank Perceval et Diana se rencontrèrent dans la maison de lady Stewart.

Il y avait vingt-quatre heures que Mary était en catalepsie.

Pendant ces vingt-quatre heures, Moore avait épuisé tous les moyens que lui fournissaient son profond savoir et son expérience consommée.

Il avait essayé d'agir sur les sens par des épreuves extra-médicales; il avait organisé un concert dans la chambre de la malade, parce que certains auteurs prétendent que la musique est souveraine pour ces sortes d'affections. Hélas! nous ne voudrions pas désespérer les écrivains estimables qui font de petites comédies chantantes, mais la musique, comme moyen curatif, ne réussit guère qu'à l'Opéra-Comique.

Là, on guérit la folie avec une romance, la

fièvre avec un solo de flûte, le choléra-morbus avec un air varié de trombone.

C'est fort ingénieux.—Mais nous avons maudit souvent la harpe de David et l'hypocondrie de Saül, qui ont manifestement produit toutes ces billevesées.

Le mal de Mary résista obstinément. Telle nous l'avons vue dans le salon de lady Trevor, telle elle était restée, avec son blanc visage, immobile, ses yeux fixes et luisans comme du cristal, ses membres raidis, sa pose de statue.

Ce fut auprès d'elle que se rendit le docteur Moore en quittant le marquis. Nul changement ne s'était opéré dans l'état de miss Trevor depuis sa dernière visite. Diana Stewart et lady Campbell, qui ne la quittaient pas, étaient désespérées. Le docteur, suivant son habitude, ne répondit point à leurs questions, et sortit en ordonnant quelque insignifiant remède, dont il n'attendait lui-même aucun effet.

En rentrant dans sa maison de Wimpole-Street, il appela Rowley comme la veille, et, comme la veille, il lui demanda des nouvelles de Clary.

—Ma foi, répondit Rowley, il faut battre le fer pendant qu'il est chaud, et observer la nature vivante tant que dure la vie... La vie s'en va, monsieur; si vous voulez battre le fer, il faut vous hâter, car il refroidit.

— Y a-t-il quelque nouveau symptôme?

— Oui, oui... c'est certain, monsieur, il y a un nouveau symptôme... et demain il y en aura un autre encore... Elle sera morte !

— Elle vit, n'est-ce pas? dit Moore.

— Mais oui... un peu... Elle est évanouie... J'étais en train de la faire revenir quand vous m'avez appelé... J'y retourne.

Le docteur lui saisit le bras au moment où il se retirait.

— Laisse, dit-il à voix basse, — et prépare la pile voltaïque... la grande.

Rowley le regarda, étonné. — Puis il s'en alla en murmurant :

— Ta ta ta ta ! que de façons ! On peut bien dire que la petite aura été traitée en cérémonie !...

Cependant l'heure à laquelle le marquis de Rio-Santo avait ordonné qu'on l'éveillât venait de sonner. Le cavalier Angelo Bembo se chargea de ce soin, et dut pénétrer pour cela jusque dans la chambre du laird, où Rio-Santo s'était endormi.

Celui-ci était toujours sur le fauteuil où nous l'avons laissé. Au premier attouchement de Bembo, il ouvrit les yeux, mais il les referma aussitôt.

— Déjà, murmura-t-il avec lassitude ; — Ange, ce sommeil m'a brisé.

— Prenez quelques heures de vrai repos,

croyez-moi, milord, dit Bembo, qui contemplait avec une sollicitude filiale les traits fatigués du marquis ; — demain il sera temps de reprendre votre tâche...

Rio-Santo releva son regard sur le jeune Maltais et sourit avec caresses.

— Ma tâche ! répéta-t-il doucement ;—vous avez le coup d'œil aussi perçant qu'une femme jalouse, Ange... Vous savez tout, quoique vous n'interrogiez jamais... Tant que votre présence est inutile, on ne vous voit point, — mais à l'heure du péril vous êtes là...

— Sur mon honneur, don José, je vous jure qu'il n'entrait pas un atome de curiosité indiscrète dans le sentiment qui me portait à veiller sur vous.

— Ne le sais-je pas ! répliqua Rio-Santo en lui tendant sa main que Bembo serra timidement ; — quand on n'a en ce monde qu'un seul ami, Ange, on le connaît et on le juge... Il est certain que, au moment où je tombais sous l'étreinte furieuse de cet homme, j'ai songé à vous. Un vague espoir m'a traversé l'esprit... Je me suis dit : mon bon Ange veille peut-être...

— Oh ! milord ! dit tristement Bembo, j'avais abandonné mon poste...

— J'entendais tout, lorsque j'étais là, étendu... Je sais que, depuis bien des heures, vous faisiez sentinelle... Noble et tendre cœur que vous êtes, Ange !... Quand je songe à votre dévoûment, voyez-vous; je crois que Dieu me protége et me garde la victoire.

Bembo était rouge de fierté. Son œil avait quelque chose de ce chevaleresque enthousiasme qu'excite dans l'âme fidèle d'un soldat la louange d'un souverain aimé.

— Car Dieu vous aime, Bembo, reprit le marquis, dont le sourire se teignit de mélancolie ;—entre Dieu et vous, il n'y a point de ces souvenirs qui cachent le ciel... Moi... oh! moi, ajouta-t-il tout-à-coup avec entraînement, — je voudrais bien, au prix de tout mon sang, tenir mon épée de combat d'une main pure comme la vôtre, ami! c'est alors que je serais fort!...

Angelo gardait un respectueux silence. Rio-Santo reprit, en modérant sa voix qui devint calme et profonde :

— Mais je suis fort quand même !... Et qu'importe, après tout, si l'œuvre est sainte, la main qui l'exécute !... Ah ! je ne mérite pas les grandes joies du triomphe, je le sais : Moïse avait péché ; Dieu ne permit point qu'il mît le pied sur la terre des promesses... mais il la lui montra de loin au jour de sa mort ; — Moïse mourut sur la terre de Moab, mais avant de se fermer, ses yeux avaient vu Chanaan...

Il joignit les mains avec une ardeur passionnée :

— Que je meure, mon Dieu ! oh ! que je

meure! poursuivit-il; — mais, comme Moïse, l'œil sur le but atteint... que je meure dans la victoire!.. que je meure sur là terre ennemie, mais que mon dernier regard voie luire au loin l'aurore des beaux jours pour ma patrie! Mourir! je veux bien mourir, pourvu que le poids de mon cadavre achève d'écraser l'Angleterre vaincue, et que mon âme, en quittant ce monde, salue avec ivresse le règne naissant de 'Irlande!

Bembo poussa un cri de surprise.

— L'Irlande! dit-il, la patrie!... Signore, signore! je savais bien, moi, que votre guerre contre l'Anglais était une guerre légitime!

Rio-Santo ramena les longs cils de ses paupières sur l'éclair enthousiaste de son œil, et parut un instant absorbé dans de hautes méditations.

— Ange, dit-il ensuite si doucement que l'inflexion de sa voix transformait presque le vrai sens de ses paroles,— si un autre que vous savait la moitié de ce que vous savez, je le tuerais... Mais entre vous et les autres il y a un abîme; et je laisse mon cœur ouvert devant vous, sans craindre un larcin de confiance. Fussiez-vous mon fils ou mon frère, je n'en pourrais faire davantage, car mes secrets sont de ceux que le succès révèle ou que la mort scelle sous la pierre d'un tombeau.

— Merci, murmura Angelo, merci milord! j'ignore votre vie, mais je connais votre grand cœur... Vos secrets sont à vous. Ce que j'en sais... et j'en sais bien peu !... m'emplit d'admiration et de respect... Ah ! vous êtes Irlandais ! Vous vaincrez ! vous vaincrez, milord ! Et puissiez-vous m'aimer assez pour me donner ma part du péril !

— Votre part est faite, signor Angelo Bembo, répondit le marquis d'un ton grave. Il y a longtemps que je compte sur vous.

L'œil du jeune Italien s'éclaira. Une question se pressa sur ses lèvres. Rio-Santo l'arrêta du geste.

— Vous aurez la première place au feu Ange, reprit-il en souriant ; — mais nous n'en sommes pas là encore... J'ai pensé que vous voudriez bien me tenir aujourd'hui compagnie ?

Angelo s'inclina.

— Envoyez-moi Ereb, continua le marquis. Je suis bien faible encore, mais il faut réparer le temps perdu.

Dès qu'Angelo fut parti, le marquis essaya de se lever. Sa faiblesse, en effet, était extrême. Il s'y prit à trois fois, retombant toujours lourdement sur le fauteuil. Enfin, il parvint à se dresser sur ses pieds et s'avança, en chancelant, vers le lit dont les rideaux fermés cachaient Angus Mac-Farlane.

Le laird dormait profondément.

— Pauvre frère! murmura Rio-Santo; — lui aussi souffre parce qu'il m'a aimé!... Ah! que j'ai hâte de vaincre, pour avoir le droit de mourir!

Un bruit de pas annonça l'entrée d'Ereb dans le cabinet voisin. Rio-Santo laissa retomber les rideaux du lit d'Angus et quitta la chambre.

Ereb était ce petit nègre que nous avons vu servant de pupitre au bel Edward dans le salon de la maison carrée de Cornhill. Il pouvait avoir quatorze ans, et ses formes admirables ressortaient sous leur enveloppe d'ébène, sans autre voile qu'un châle de cachemire rouge jeté comme un pagne autour de sa taille.

Rio-Santo le trouva debout, immobile, au milieu de son cabinet.

— A boire! dit le marquis en s'appuyant aux sculptures de son bureau.

Ereb prit une petite clé qu'il portait suspendue à son cou par un cordon de soie, et ouvrit une cassette admirablement incrustée qui se trouvait sur l'un des degrés d'une étagère. De cette cassette, il retira un verre de cristal et un flacon à demi vide. Il versa de l'eau dans le verre et y mêla deux gouttes du contenu du flacon.

L'eau se couvrit de bulles frémissantes et devint couleur d'or.

Rio-Santo en but une gorgée.

— C'est bien, reprit-il. — Que mon valet de chambre prépare mes habits.

Il s'assit et vida le verre. — Quand il se releva, une minute après, il y avait du feu dans son regard éteint naguère, et du sang sous la peau fine de ses joues. Sa riche taille se redressa d'elle-même dans toute sa fierté. Il marcha d'un pas ferme vers son cabinet de toilette.

Et quand, quelques minutes après encore, il ressortit vêtu avec cette noble élégance dont son nom était devenu le synonyme, vous n'eussiez point reconnu l'homme de tout à l'heure, le malade courbé sous la fatigue et la fièvre de sept nuits de veille.

C'était bien maintenant le superbe Rio-Santo, le roi de cette brillante armée qui évolue dans les salons dorés de West-End ; c'était le cavalier beau par excellence, irrésistible, sans rival, même dans le souvenir prévenu des femmes ayant passé l'âge d'aimer ; c'était le héros d'amour, toujours mêlé pour un peu aux doux rêves de toute les ladies., l'homme qui ne trouvait point de cruelles, le sultan qui jetait le mouchoir dans Londres à l'aventure, l'idole dont on se disputait les regards, et dont les *faveurs* passaient sur une femme, comme autrefois les fantaisies royales, sans attirer sur elle les mépris du monde !

C'était le demi-dieu, sous les pieds de qui le fashion entier se groupait, se foulait, se serrait pour faire un vivant piédestal à sa gloire.

Et c'était aussi notre Rio-Santo à nous, l'homme calme vis-à-vis de ces haines impétueuses, l'homme fort sous son écrasant fardeau de pensées.

Il revivait; son front rayonnait. Sous l'éclair contenu de son œil, il y avait un monde de promesses et de menaces.

Le cavalier Angelo Bembo lui présenta la main pour l'aider à franchir le bas marchepied de son équipage, au devant duquel piaffaient follement quatre magnifiques chevaux.

Rio-Santo le regarda en souriant. Bembo,

qui ne l'avait point encore examiné, recula, frappé d'une craintive admiration, tant il vit de force exubérante et de puissance indomptable dans ce corps exténué tout à l'heure.

— Oh! don José! dit-il, ce qui abat les hommes les plus robustes, glisse sur vous sans laisser de traces... Je vous ai vu mourant... et vous voilà dispos, alerte, capable de braver d'autres fatigues où je m'épuiserais, moi, comme un enfant.... Est-ce donc votre âme qui garde en réserve pour votre corps accablé ces trésors de vigueur surhumaine?

Rio-Santo sourit encore et monta d'un saut dans l'équipage.

Bembo reprit, en s'adressant à lui-même et avec l'accent d'une superstitieuse conviction :

— Vous vaincrez, milord, vous vaincrez!

Le pavé retentit et se parsema d'étincelles; — puis le noble équipage glissa, gracieux et léger, au ras du sol, autour des arbres dépouillés du square, pour entrer au galop dans la large voie de Grosvenor-Place.

XXX

NI MESSALINE NI MADELEINE.

L'équipage de M. le marquis de Rio-Santo traversa Green-Park, d'où le froid et la brune chassaient déjà les promeneurs, longea Picadilly et s'élança dans Regent-Street. Il s'arrêta devant Barnwood-House.

— Je vous rejoins dans un quart d'heure, Ange, dit le marquis avant de descendre. Faites promener la voiture dans la rue afin qu'on ne la voie point stationner à la porte de lady Ophelia.

La comtesse de Derby était seule et livrée à de bien tristes réflexions. Elle ignorait le fatal résultat de l'entrevue de Frank et de miss Trevor, et l'impression pénible qui lui était restée de sa démarche de la veille n'aurait point suffi à mettre sur son charmant visage ces signes d'amer découragement.

Elle était enfouie dans une chaude bergère, vis-à-vis d'un feu mourant dont les vacillantes clartés déplaçaient l'ombre de ses traits et faisaient mentir souvent par de bizarres jeux de lumière la mélancolie désespérée qui était leur véritable expression.

Parfois, un brusque jet de flamme se mirait dans son œil fixe, en même temps qu'il accusait plus énergiquement l'ombre de ses sourcils, lui donnant ainsi l'apparence d'une soudaine colère ; d'autres fois, la flamme, en s'abaissant, estompait les coins de sa belle bouche et y traçait vaguement les signes du sourire.

Mais il n'y avait en réalité sur cette figure uniformément triste, ni gaîté ni colère. Lady Ophelia souffrait et, lasse de combattre depuis si long-temps sa souffrance, elle n'essayait point de réagir.

Elle se laissait aller sur la pente de ses douloureuses pensées. Son âme les suivait, docile, partout où il leur plaisait de la conduire. Regrets et craintes venaient tour-à-tour; regrets et craintes étaient accueillis par ce cœur fatigué de battre, qui pleurait son passé dans un présent dépourvu de toutes joies et ne voyait point de consolations dans l'avenir.

Sa démarche de la veille était maintenant jugée. Elle avait voulu mettre un obstacle entre Mary Trevor et Rio-Santo, parce que Rio-Santo lui avait dit une fois qu'un échec essuyé par lui auprès de Mary le ramènerait heureux à ses pieds.

Il avait dit cela. — Mais Rio-Santo pouvait-il essuyer un échec ? y avait-il des obstacles qu'il ne fût capable de renverser ?

Lady Ophelia était la dernière personne au monde qui pût répondre à cette double question par l'affirmative. Rio-Santo était pour elle un dieu.

Mais, avec toutes les inconséquences des rêveries du cœur, elle craignait tout-à-coup mortellement pour la sûreté de ce dieu. Devant ses craintes, il reprenait soudainement les proportions d'un homme, et elle se maudissait d'avoir livré son secret, — sa vie ! — à la merci d'un ennemi.

Car, dans son entraînement insensé, elle avait été choisir justement pour confident de ce secret funeste le rival du marquis, l'homme dont l'intérêt était de le perdre à tout prix !

Cet homme était loyal. Elle connaissait son cœur, franc et sincère comme le cœur d'un chevalier des anciens jours ; — mais cet homme aimait, il aimait ardemment et de toute son âme. Elle aussi était loyale ! elle aussi était sincère ! et pourtant n'avait-elle pas trahi son serment, fait tant de fois à Rio-Santo, de taire la funèbre aventure du chevalier de Weber ?

L'amour est comme l'ambition : il fait taire la conscience, et jette un voile d'oubli sur les plus saintes promesses.

Et si Frank Perceval allait oublier ! si une indiscrétion !...

La pauvre Ophélie n'osait achever l'expression mentale de cette terrible hypothèse. Elle ne pleurait point ; mais son gracieux corps, ramassé sur lui-même, dans une attitude de muette épouvante, semblait vouloir s'enfuir et se cacher dans la profondeur du vaste fauteuil.

Qu'elle se repentait douloureusement et comme elle se voyait coupable !...

Lorsque Joan, sa femme de chambre, annonça le marquis de Rio-Santo, toutes ces sombres idées s'envolèrent comme par enchantement. Elle se leva, radieuse, consolée, et fit un pas vers la porte. Mais elle ne fit qu'un pas ; l'homme qui allait entrer, l'homme qu'elle aimait si ardemment, elle avait suspendu le déshonneur ou la mort au dessus de sa tête.

Elle retomba sans courage sur son fauteuil.

Rio-Santo entra et sentit trembler la main qu'il élevait jusqu'à sa lèvre pour y mettre un baiser.

Cette émotion de la comtesse fut contagieuse. Rio-Santo, pris d'un trouble extraordinaire, laissa retomber la main sans la porter à sa bouche, et attacha sur lady Ophelia l'un de ces regards qui soumettent à la question les cœurs faibles ou subjugués.

Ophélie avait les yeux baissés, mais, au travers de ses paupières closes, elle sentait ce

regard peser lourdement sur elle. Il semblait
que sa conscience fût percée d'outre en outre
par cet implacable et muet examen.

Le sourcil de Rio-Santo se fronça légèrement. Il vit une larme rouler entre les cils
d'Ophélie. — Il savait ce qu'il voulait savoir;
ce qu'il redoutait d'apprendre.

Il reprit la main de la comtesse, y déposa
un froid baiser et se dirigea vers la porte.

— Oh! milord! milord! s'écria Ophélie
dont les larmes contenues éclatèrent; ne me
quittez pas ainsi!

Rio-Santo s'arrêta. Son regard était tout
plein de tendresse et de pitié.

— Vous vous repentez bien, n'est-ce pas ? dit-il. Oh ! je le crois, madame ; vous voudriez racheter à tout prix votre imprudence...

— Au prix de mon sang, milord ! interrompit Ophélie qui joignit ses mains et leva sur lui un regard suppliant.

— Je le crois, pauvre Ophélie, je le crois, répéta Rio-Santo. Vous êtes bonne et vous m'aimez... Vos regrets sont sincères... mais on ne peut point retirer une parole prononcée.....

— Vous savez donc tout ? murmura la comtesse.

— Je craignais tout, milady ; je ne savais

rien. C'est vous qui venez de vous trahir...
Vous étiez si joyeuse naguère à ma venue !
Votre sourire était si franc et si heureux !...
Aujourd'hui, vous m'accueillez par des larmes...

Il s'arrêta, puis reprit avec calme :

— C'est un grand malheur, madame !

— Quoi ! s'écria la comtesse désespérée, le danger est-il donc prochain, et votre vie ?...

— Ma vie ! interrompit Rio-Santo en souriant tristement ; — il ne s'agit pas de ma vie, madame... Mais n'était-ce pas assez de M. de Weber ?...

La comtesse sentit ses larmes se sécher sur sa joue qui brûla.

— Oh ! milord ! murmura-t-elle avec épouvante ; — je crains de vous comprendre.

— Vous me comprenez, milady... votre indiscrétion a condamné un homme, mais il n'est pas en votre pouvoir, — il n'est pas au pouvoir de personne de me condamner, moi !

Ophélie se leva, et tomba sur ses deux genoux.

— Grâce, don José ! grâce pour lui ! dit-elle.

Rio-Santo la prit par la main et s'assit auprès d'elle.

— Pauvre Ophélie! murmura-t-il ; — que de peines vous a données mon amour !... Vous êtes bien la plus noble et la plus belle parmi toutes les femmes dont j'ai gardé souvenir... Je vous aime autant qu'autrefois, mieux qu'autrefois, madame, et il ne sera pas dit que vous aurez en vain plié le genou devant moi... Mettez-vous à votre secrétaire et prenez une plume, Ophelia, afin d'écrire à l'Honorable Frank Perceval.

La comtesse obéit aussitôt. Rio-Santo vint s'appuyer au dossier de son fauteuil.

— Je voudrais vous dire simplement : Perceval n'a rien à craindre de moi, reprit-il ; — je le voudrais, madame, car vos moindres désirs s'imposent à moi comme feraient les ordres d'un maître... Mais je ne m'appartiens pas, et ce qui vous paraît être ma volonté n'est que ma destinée... N'ai-je pas été forcé un jour de quitter cette douce vie que je menais auprès de vous ?... Ecrivez, je vous prie.

Lady Ophelia trempa sa plume dans l'encrier et le marquis poursuivit :

— Ecrivez à l'Honorable Frank Perceval que vous l'attendrez demain soir dans votre voiture, devant le théâtre de Saint-James, à l'angle de Duke-Street... Demain soir, à neuf heures.

Ophelia écrivit.

— Et me rendrai-je devant Saint-Jame's-Theatre? demanda-t-elle.

— Votre équipage, milady, mais non pas vous... Ce sera moi qui recevrai Frank Perceval.

Ophelia se retourna vivement et attacha sur Rio-Santo un regard inquiet.

— Je vous donne ma parole de gentilhomme, acheva le marquis, répondant à ce regard, — que la vie de Perceval sera respectée... Mettez l'adresse, madame, car nos heures sont comptées.

Lady Ophelia hésitait encore. Elle se souvenait du chevalier de Weber.

Pendant qu'elle hésitait, Rio-Santo regarda la pendule, et reprit son chapeau sur un meuble.

— Madame, dit-il en s'inclinant, un devoir bien impérieux peut seul me forcer à m'éloigner si vite... Vous semblez vouloir réfléchir ; réfléchissez. Demain, vous me ferez savoir vos volontés... Je vous ai dit le seul moyen de sauver la vie de l'Honorable Frank Perceval.

Il sortit et Ophelia demeura pensive. Elle avait, certes, de graves sujets de méditation. Les heures passèrent, inécoutées, et le timbre de la pendule jeta par deux fois ses métalliques vibrations autour d'elle sans la tirer de sa rêverie.

Pensait-elle donc au danger de Frank Perceval ?

Hélas ! Lady Ophelia était une généreuse femme. Tout ce qu'un cœur peut enfermer de digne, de sensible, de bon, était dans le sien. Mais l'amour qui souffre n'a de pensées que pour soi. Ophelia avait oublié sa lettre et se perdait, émue, parmi les nombreux souvenirs d'un passé trop cher.

Ce fut cette lettre inachevée qui l'éveilla enfin. Ses souvenirs avaient plaidé à son insu, mais bien éloquemment, la cause du marquis, car elle signa la lettre sans plus hésiter, mit, l'adresse et la jeta dans sa boîte de poste, où Joan devait la prendre le lendemain.

—Ce sont ces doutes injustes et outrageans, murmura-t-elle, ce sont ces doutes qui l'éloignent de moi... Tous les hommes ont des duels... et M. de Weber est mort l'épée à la main... Oh! mais ce duel fut étrange, mon Dieu!...

Rio-Santo avait regagné depuis long-temps son équipage. Bembo put remarquer un nuage sur son front au moment où il s'asseyait sur les coussins de soie de la voiture, et, quand le cocher demanda la direction à prendre, le marquis répondit avec distraction :

— Je ne sais.

— Nous rentrons à Irish-House, sans doute? dit alors Angelo.

— Non... non... prononça le marquis dont une préoccupation puissante semblait absorber toutes les facultés ; — la nuit sera bien avancée, Ange, quand nous rentrerons dans Irish-House.

Puis, s'adressant au cocher, il ajouta résolument :

— Cornhill, magasin Falkstone !

L'équipage s'ébranla aussitôt.

— Ange, reprit Rio-Santo avec de l'émotion dans la voix, — vous parliez de péril... le péril est venu.

— Tant mieux, milord ! s'écria Bembo ; — par les saints anges, mes patrons, tant mieux !

Le marquis secoua lentement la tête.

— Ah! dit-il, si je n'avais pas perdu ces six jours!... Mais peut-être d'autres ont-ils travaillé pour moi. Je vais le savoir. Ma correspondance secrète m'attend à la maison de commerce... Quoi qu'il en soit, l'instant est arrivé, Ange. Un mot imprudemment prononcé... Ah! ne confiez jamais votre secret à une femme, Bembo!... un mot va précipiter le dénouement... Faible ou fort, il me faudra combattre.

— Je serai près de vous, milord! dit Bembo avec la chaude vivacité de son dévoûment.

— Merci... Je sais que votre vie est à moi, Ange.

Il lui prit la main qu'il tint long-temps dans les siennes, comme s'il se fût oublié soi-même parmi ses profondes méditations.

— Le sort en est jeté, murmura-t-il enfin ; — que Dieu sauve l'Irlande !

— Que Dieu sauve l'Irlande ! répéta Bembo presque joyeusement.

Le marquis tressaillit à cette voix étrangère qui reproduisait sa pensée, jusque-là si bien enfouie en lui. Son regard étincela et couvrit Bembo qui baissa les yeux sous cet extraordinaire éclat.

— Merci ! dit encore Rio-Santo dont la voix s'emplit d'une mélancolique amertume ; —

mais vous m'avez fait peur, Ange, car ces mots prononcés à Londres retentissent comme un terrible cri de guerre... et quinze ans de fatigue, ami, m'ont acquis le droit de donner moi-même le signal.

L'équipage s'arrêta au coin de Finch-Lane et de Cornhill.

Rio-Santo reprit d'une voix brève et dégagée :

—Ainsi, Ange, vous voilà devenu mon aide-de-camp... Je ne vous ai rien dit, mais je vous ai laissé deviner : c'est là aussi de la confiance...

— Je l'ai compris de la sorte, milord, et j'attends que vous usiez de moi.

— Vous n'attendrez pas long-temps, Bembo... je vous charge tout d'abord de réunir à la salle de White-Chapel tout les lords de la Nuit, ce soir même... Je m'y rendrai dans deux heures... Il faut que je les trouve assemblés.

— Vous les trouverez, milord.

— Il faut aussi qu'à la même heure j'aie des renseignemens certains sur l'état de la mine de Prince's-Street... Car nous aurons besoin de monceaux d'or, Bembo.

— Vous aurez des renseignemens précis dans deux heures.

— A bientôt donc ! dit Rio-Santo qui s'élança hors de la voiture et tourna l'angle de Finch-Lane pour gagner cette petite ruelle boueuse où était l'entrée des magasins Edward and C°.

La voiture continua de stationner devant la boutique du bijoutier Falkstone.

Bembo sortit par l'autre portière et monta dans un cab.

Il n'y avait point de lumière dans les magasins d'Edward and C°, dont les contrevens étaient hermétiquement fermés ; mais Ereb, le petit noir, qui avait quitté son siége derrière la voiture en même temps que Rio-Santo mettait pied à terre, tira de son sein une clé sans aile, à trou carré, à l'aide de laquelle il fit tourner une billette de cuivre, faisant saillie hors de la serrure de la porte principale. Des ressorts crièrent à l'intérieur comme si cette clôture grossière eût été fermée au moyen de ces systèmes à *combinaisons*, alors assez nouveaux, mais dont l'usage a pénétré depuis jusque dans les boutiques du petit commerce.

Un simple tour d'une seconde clé plus petite fit tourner la porte sur ses gonds.

— Va frapper sur le gong du salon du centre, dit Rio-Santo en entrant.

— Combien de coups ?

— Un seul.

Le petit nègre prit les devans. Rio-Santo le suivit et pénétra bientôt dans ce salon sans fenêtres, percé de six portes, où nous l'avons vu une fois déjà, sous le nom d'Edward, en compagnie de M. Smith, de mistress Bertram, de M. Falkstone, du changeur Walter et de maître Peter Practice, ancien sollicitor et actuellement brocanteur et usurier.

Le gong n'avait pas encore fini de résonner que l'une des six portes s'ouvrit et donna passage à Fanny Bertram.

Les moralistes et les philosophes ont la pitoyable manie de généraliser toutes choses, même leurs maigres observations sur le cœur de la femme. Ils ne savent pas, ces graves causeurs, que don Juan lui-même, malgré sa proverbiale expérience, n'aurait point pu poser de règles certaines sur ce kaléidoscopique sujet. Don Juan, eût-il expérimenté toutes les femmes moins une, et cette hypothèse est assurément exorbitante, n'aurait point été plus habile, et la dernière, l'inconnue, eût suffi à le déconcerter à l'occasion.

Fanny Bertram avait dû être, cinq où six ans avant l'époque où se passe notre histoire, une créature merveilleusement belle. Elle était encore maintenant une de ces femmes qu'on suit long-temps de l'œil dans la rue, et qui, aperçues une seule fois, gravent d'autorité leur gracieuse image en votre souvenir.

Ce qui la distinguait principalement, c'était une mollesse d'attitude, une mignardise de poses dont les séductions cachées ne sauraient se peindre ni sur la toile ni sur le papier. Sa taille souple et nonchalamment balancée appelait un amoureux appui ; sa tête, paresseusement inclinée, laissait, entre les masses de ses beaux cheveux noirs et les plis de sa guimpe, juste la place d'un baiser sur sa peau brune et comme veloutée ; ses yeux, voilés par de longs cils arqués, lustrés, soyeux, semblaient, lorsqu'ils se fermaient à demi, nager dans un humide sourire. Sa bouche, dans les harmonieux mouvemens de sa parole lente, douce, musicale, montrait à peine une étroite bande d'émail blanc et nacré. Le rire seul eût pu découvrir en ses convulsions involontaires les deux rangs de perles qui soutenaient ces lèvres légèrement pâlies ; mais Fanny Bertram, qui souriait souvent un mélancolique et distrait sourire, ne riait plus depuis bien longtemps.

C'était une créole des Antilles anglaises. Sa jeunesse, passée en une vie d'aventures et de plaisirs, avait laissé sur toute sa personne des traces impuissantes à détruire sa beauté, mais saisissables à l'œil le plus dépourvu d'expérience. Tout ce qu'on pouvait faire en sa faveur, c'était de se tromper sur l'origine de cette fatigue de corps et de cette pâleur du visage qui bleuissait aux alentours des yeux. — Et encore, comment se tromper? Tout en cette femme respirait les feux éteints ou assoupis de la volupté. C'était Vénus lasse d'amoureuses batailles.

C'était cela en apparence au moins, car la pauvre Fanny Bertram menait en réalité la vie d'une recluse, et passait ses jours dans son splendide magasin, si bien en dehors de toute affaire d'amour, que nul dandy de haut, de moyen ou de bas étage ne pouvait se vanter d'avoir seulement baisé le bout de ses doigts pâles et menus.

Et voilà justement pourquoi nous avons pris à partie tout à l'heure moralistes et philosophes. Quant aux poètes, il est notoire qu'ils étudient le cœur de la femme en allant voir lever l'aurore.

Tout ce qui porte plume a la fatale habitude de commencer une foule de phrases par ces mots : Les femmes font, les femmes sont, les femmes disent... etc. C'est un non-sens. Philosophiquement, le mot femme n'a point de pluriel. Encore, lorsqu'on emploie le singulier, faut-il spécifier l'âge, la position et l'heure de la journée. La même femme ne se ressemble point à elle-même à six mois d'intervalle. Du soir au matin, parfois, elle change à n'être plus reconnaissable.

Et, téméraires que vous êtes, vous venez nous parler *des femmes*, absolument comme vous pourriez parler, si la faim vous avait faits naturalistes, de testacés, de mammifères, d'ovipares ou de fossiles! Vous dissertez, vous louez, vous blâmez. De ce que vous connaissez, — ou croyez connaître, — de votre femme à vous, de vos maîtresses, vous concluez à l'inconnu, à la femme d'autrui, au *sexe* comme on dit, lorsqu'on ne veut point se livrer à cette galante période : « la plus belle moitié du genre humain. »

Et, ce qui est mille fois plus déplorable, vous faites de l'histoire à propos du cœur féminin. Vous traduisez du grec et du latin au lieu de regarder ; vous citez au lieu d'observer, et c'est à l'aide d'un vers d'Horace que vous nous dites le caractère de Fanchon.

Horace ne connaissait point Fanchon, et Fanchon ne connaît pas Horace.

Messaline a existé, c'est vrai ; des femmes ont ressemblé à Messaline, c'est malheureux. Que prouve cela ? De quel droit faites-vous du nom de Messaline une qualification, un adjectif? N'êtes-vous pas sûr, ce faisant, d'insulter ou l'impératrice ou celle que vous lui comparez?

Pensez-vous que Madeleine, autre adjectif, vous sache beaucoup de gré des mentions honorables que vous lui donnez en vos périodes? — Elle s'est repentie; ne sauriez-vous lui faire grâce ?

Voici une chose convenue : toute femme qui a péché se nomme Messaline ou Madeleine. Point de milieu : la débauche ou le repentir; tel est votre verdict.

Fanny Bertram se permettait de n'y point acquiescer. Elle n'était ni Messaline ni Madeleine. La débauche l'eût dégoûtée ; le repentir n'allait point à sa nonchalante nature de créole. Son repos était de la lassitude, et si son âme se ravivait parfois et retrouvait des élans de jeunesse, elle s'élançait vers un souvenir.

Fanny n'aimait plus parce qu'elle avait trop aimé, ou peut-être parce que le dernier homme qu'elle avait aimé lui faisait prendre en mépris ceux qu'elle eût pu aimer encore.

Elle s'endormait dans son apathie tropicale, résignée à l'oubli de l'homme qui avait passé dans sa vie comme un météore. Après le bonheur qu'il lui avait jeté en courant, elle ne voulait plus d'autre bonheur.

Et pourtant, Fanny avait beaucoup péché avant d'être la maîtresse de M. le marquis de Rio-Santo, qui l'avait prise quelque jour pour la quitter le lendemain.

A présent elle se souvenait ; et ce souvenir d'un jour emplissait sa vie. Il y avait bien long-temps qu'elle n'aimait plus le marquis de cet amour qui désire et rend jalouse, mais elle lui gardait son cœur. Moitié apathie, moitié sentiment, elle rompait d'elle-même, sans but moral, sans religion, sans nécessité, avec les joies de sa jeunesse.

Ce corps, où tout semblait être volupté, avait endormi ses sens et laissé son âme dans le passé.

Exception, direz-vous. — Il faut s'entendre.

Là où il n'y a point de règle, il ne peut y avoir d'exception.

Nonobstant, si vous tenez absolument à classer, classez. L'occupation est à tout le moins innocente.

Fanny Bertram, lorsqu'elle entra dans « le salon du centre, » portait à la main une cassette incrustée, où son chiffre se mariait de tous côtés, en de capricieuses arabesques, au chiffre de Rio-Santo.

— Donnez, Fanny, donnez! s'écria celui-ci en saisissant vivement la cassette; — y a-t-il beaucoup de lettres?

— Il y en a beaucoup, repondit la créole, qui s'assit auprès du marquis.

— Et la clé?...

— Laissez-moi ouvrir, Edward, votre main tremble...

La main de Rio-Santo tremblait en effet. Dès que Fanny eut fait tourner la clé dans la serrure, il souleva le couvercle et plongea son regard à l'intérieur.

Il y avait une vingtaine de lettres. — D'un seul coup d'œil, parmi ces vingt lettres, Rio-Santo découvrit un pli de rude papier, portant le cachet de la poste d'Irlande.

Il laissa échapper un cri de joie et déchira l'enveloppe.

XXXI

PRÉCIEUX MEUBLE.

Fanny Bertram restait toujours assise auprès de Rio-Santo, bien que la lettre d'Irlande, si ardemment désirée, ouverte maintenant, fût à portée de ses yeux.

Rio-Santo, de son côté, ne songeait point à s'éloigner. Il lisait avidement et sans défiance. Lui qui se privait de tout appui pour n'avoir point de confident, laissait maintenant sans voile une portion de son secret, à quelques pouces du regard d'une femme !

C'est que, pour les petites choses comme pour les grandes, Rio-Santo avait un coup d'œil perçant et sûr. La confiance qu'il refusait à des dévoûmens intelligens, à des affections passionnées ou chevaleresques, il la donnait à cette femme, morte à demi, cloîtrée dans son passé, végétant avec le souvenir de quelques jours de joie, indifférente au présent, captive encore, aimant toujours ; mais si étrangement réconciliée avec sa chaîne, qu'elle n'en sentait plus les anneaux ; si bien faite à l'oubli, qu'il n'y avait plus pour elle de jalousie ; si vieille enfin, sous la voluptueuse enveloppe de sa beauté de créole, que son amour d'autrefois, passion sensuelle, violente, emportée et toute pleine de ces ardeurs folles que retrouvent de loin en loin les cœurs engourdis dans une vie de molles jouissances, s'était transformé au point d'égaler en abnégation la sainte tendresse d'une mère.

Et tout ceci à son insu. Fanny Bertram était une gracieuse et belle créature que vous n'eussiez point rencontrée sans vous sentir attiré vers elle ; mais dans sa nature indolente, il n'y avait pas un atome d'héroïsme. Si elle était arrivée à ce point que nous avons dit, c'est que sa passion première, sans cesse combattue par son apathie, n'avait gardé d'elle-même que ce qui ne gênait point : une tendresse douce, sobre, presque austère, dans laquelle on pût s'endormir et se laisser bercer paresseusement.

Point d'angoisses jalouses, — pas même cette féminine et petite envie qui prend capricieusement à l'estomac les coquettes qui n'ont plus de cœur. Point de désirs; — quelques regrets seulement, parce qu'il n'y a pas, sans regrets, de chers souvenirs.

Rio-Santo était seul au monde pour connaître Fanny Bertram, qui ne se connaissait point elle-même. C'était la femme qu'il lui fallait pour confidente, en ce sens qu'elle jouait merveilleusement le rôle d'une cassette organisée, d'une cassette dont lui, Rio-Santo, avait la clé.

Elle était le centre où venaient aboutir de presque tous les points du globe les rayons de sa vaste correspondance. A elle seule étaient adressées toutes ces lettres, grosses d'événemens et de hautes intrigues, dont la plus insignifiante eût motivé dix accusations capitales. — Le savait-elle? Tout porte à croire que non. L'eût-elle su, son rôle aurait été joué de même et parfaitement, car le courage est une qualité qui ne fait guère défaut à la femme.

Mais comment l'aurait-elle appris? La curiosité n'est-elle pas une fatigue? La charmante créole entassait les lettres dans son coffret, sans même regarder l'adresse...

En vérité, le métier de don Juan a ses dangers, surtout quand on y joint celui de conspirateur. Il est fécond en déboires et amasse sur la tête d'un homme de terribles tempêtes, mais il a ses bénéfices et ses profits. — Ni vous ni moi n'eussions trouvé pour serrer nos lettres un meuble aussi admirablement discret que mistress Fanny Bertram.

Ni vous ni moi... mais parmi nos lecteurs il y aura peut-être un don Juan. Le siècle en produit énormément et de très jolis, surtout dans les classes estimables des jeunes premiers-rôles de théâtre et des perruquiers-coiffeurs.

Rio-Santo, cependant, dévorait sa lettre d'Irlande. A mesure qu'il lisait, son œil brillait davantage et son front s'éclairait de joie.

— Dix mille ! s'écria-t-il enfin avec un éclat de voix enthousiaste ; — dix mille braves et honnêtes cœurs !

Fanny, qui le regardait avec admiration, comme on contemple un tableau aimé, une composition favorite, tressaillit à cette sortie soudaine.

— Voulez-vous donc faire la guerre à quelqu'un, milord ? demanda-t-elle en souriant de sa frayeur.

Elle croyait être bien loin de la vérité.

Rio-Santo ne répondit point. Une pensée nouvelle venait de traverser son cerveau. Son front s'était rembruni tout-à-coup.

— Mais cette lettre a dix jours de date! murmura-t-il; — ces hommes doivent être arrivés... et je ne suis pas prêt, moi!

— Cette lettre m'est parvenue le jour même où je vous ai compté dix mille livres, dit la créole.

— Il doit y en avoir une autre.

Rio-Santo vida le coffret par terre. Deux lettres frappèrent aussitôt son regard. L'une de Londres, datée de ce jour même et dont l'adresse était écrite par la même main que la première lettre ouverte, l'autre portait le timbre d'Irlande. L'écriture de cette dernière ne réveilla aucune idée de curiosité dans l'esprit de Rio-Santo. Il décacheta celle de Londres.

Cette lettre était comme un corollaire de la première, qui annonçait le départ de dix mille Irlandais dirigés sur Londres par petits pelotons et par diverses routes ; elle avisait le marquis de l'arrivée de cette espèce d'armée.

Rio-Santo, à cette heure, avait dans Londres dix mille soldats irlandais, c'est-à-dire intrépides et affamés, fougueux et prêts à tout.

Il se renversa sur son fauteuil, et Fanny Bertram l'entendit murmurer :

— Oh!... ces six jours perdus!...

— Que j'ai dû être heureuse tant que j'ai cru qu'il m'aimait! pensa la belle créole, dont le regard ne se détachait point du visage de Rio-Santo.

Celui-ci se redressa et passa rapidement en revue les autres lettres. Il y en avait de toutes sortes, et beaucoup étaient écrites en idiomes que les savans de Royal-Society auraient eu grand'peine à expliquer. Mais Rio-Santo n'était membre d'aucune académie.

Il lut couramment toutes ces missives, et dans chacune d'elles il trouva une nouvelle heureuse pour ses desseins. Tout succédait à son gré ce jour-là. Chaque point du globe lui envoyait une arme contre son puissant ennemi.

Aussi, lorsqu'il aligna devant lui toutes ces lettres, qui, comme un muet concert, semblaient lui promettre succès et victoire, un immense orgueil descendit dans son cœur. Son fier visage s'illumina d'un reflet de toute-puissance. Il se sentait, comme l'archange rebelle, de force à lutter contre Dieu même.

Fanny baissa les yeux avec un soupir.

— Comment ai-je pu ne point mourir, pensa-t-elle, le jour où j'ai compris qu'il ne m'aimait plus!...

Rio-Santo se leva et mit toutes les lettres

en paquet. Ses doigts frémissaient à leur contact d'un belliqueux plaisir. Il sentait que, entre ses mains, elles étaient comme un faisceau de foudres, dont le redoutable choc suffirait à broyer un empire.

— A l'œuvre ! dit-il, sans savoir qu'il parlait.

Au moment où il se dirigeait vers la porte conduisant aux bureaux d'Edward and C°, la douce de voix de Fanny l'arrêta.

— Milord, disait-elle, vous avez oublié une lettre.

Rio-Santo revint précipitamment.

— C'est vrai, dit-il en baisant la main de

Fanny qui devint pâle. — Vous êtes mon bon génie, Fanny... Vous veillez nuit et jour sur mes secrets sans chercher à les pénétrer jamais... Je n'ai point de meilleur ami que vous.

La créole voulut sourire ; mais ses yeux se mouillèrent. On a beau se vieillir et mettre autour de son cœur un rempart de glace, l'âme a de soudains retours. Fanny, ce jour-là, se sentait malheureuse. Elle avait trop regardé Rio-Santo, confiante qu'elle était dans de longs mois de paresseuse apathie.

Elle tendit la lettre à Rio-Santo, qui la prit et l'ouvrit.

— Oublier une lettre d'Irlande ! murmura-t-il en souriant.

Sans s'arrêter à la première page, il chercha tout de suite la signature. A peine l'eut-il déchiffrée, qu'une expression de grave respect se répandit sur sa hautaine physionomie. Il se rassit et lut la lettre d'un bout à l'autre, à deux reprises.

Voici quel était le contenu de cette lettre :

« Milord,

» Bien que nos opinions diffèrent essentiellement, et quoique nous ayons des idées diamétralement contraires sur les moyens de rendre à notre chère Irlande le rang qui lui est dû parmi les nations, votre noble dévoûment, votre ardent amour de la commune patrie n'ont pu laisser froid l'homme dont tous les jours sont dévoués à l'Irlande, l'homme dont l'unique passion est le bonheur du peuple irlandais.

» Les différentes occasions que j'ai eues de discuter avec Votre Seigneurie m'ont rempli d'admiration pour la profondeur de vos vues, pour la justesse extraordinaire de votre coup d'œil et les puissantes ressources de votre audacieux esprit.

» Assurément, milord, si la guerre effective que Votre Seigneurie prétendait alors déclarer à *** pouvait avoir une issue favorable, ce serait entre les mains de Votre Seigneurie. Vous avez le génie pour préparer, la vaillance pour exécuter.

» Mais la lutte est trop inégale, milord. — Peut-être un jour viendra où les chances se balanceront entre les deux pays. Ce sera lorsque les honteux griefs de l'Angleterre, rendus patens aux yeux même des Anglais, nous donneront des auxiliaires jusque dans les rangs de nos ennemis ; ce sera lorsqu'un long cri de réprobation s'élèvera de tous les coins de l'Europe, et viendra tomber comme un poids accusateur sur ce gouvernement égoïste et misérable, dont les proconsuls concussionnaires étendent leurs mains avides sur notre malheureuse patrie...

» Jusque-là, milord, il faut attendre. Vaincus, nous retomberons plus bas ; vainqueurs, nous devrions compter avec ceux qui furent nos tyrans.

» Milord, vous ne m'avez jamais confié vos desseins, mais, connaissant comme je la connais votre haute intelligence, je ne puis penser autre chose sinon que vous prétendez armer l'étranger contre l'Angleterre. Croyez-vous que ce soit là servir l'Irlande, milord?...

» J'ose penser que je suis aussi fervent patriote que Votre Seigneurie; la seule différence qu'il y ait entre nous à cet égard, c'est que, si j'ai beaucoup d'amour pour mon pays, je suis exempt de toute haine systématique. A Dieu ne plaise que je veuille la perte de l'Angleterre, ce grand, ce robuste peuple! Milord, il n'est pas toujours nécessaire de détruire pour fonder.

» Je veux que l'Irlande soit libre, voilà tout; — vous, milord, vous voulez que l'Irlande, en conquérant sa liberté, mette le pied sur la métropole et la fasse esclave à son tour. Votre Seigneurie a beaucoup de haine.

» Dans la lettre que vous me faites l'honneur de m'adresser, vous me demandez ma coopération et mes conseils. Ma coopération, qu'elle soit puissante, comme vous le dites, ou faible, comme je le crois, ne peut vous être acquise, milord, que si vous suivez la voie légale et pacifique dans laquelle je suis moi-même engagé. L'Irlande a mis en moi sa confiance : je tâche de mon mieux à la mériter; mais, du jour où vous voudrez être des nôtres, milord, et marcher dans les rangs des soldats du Rappel, je ne serai plus que votre aide-de-camp ou votre ministre, parce que j'ai foi en vos capacités, et que, dans un génie comme le vôtre, il y a le salut de tout un peuple, — son salut et sa gloire !... »

— Le Rappel ! murmura Rio-Santo avec impatience ; — c'est un mot !

» Le Rappel ! continuait la lettre, comme si elle eût pris soin de répondre à cette interruption ; — attendez cinq ans, milord, attendez dix ans au plus, et les échos du monde entier vous renverront ce mot, grossi, menaçant, et si terrible que l'Angleterre tressaillera jusqu'en ses fondemens, à l'entendre seulement prononcer.

» Quant au conseil que veut bien me demander Votre Seigneurie, le voici : Ne laissez pas votre haine dominer votre patriotisme. Attendez.

» Je ne suis point suspect de trop de patience, milord. On m'accuse de toutes parts de violence, de passion, de fougue, et ces accusations disent vrai. Mon sang bout dans mes veines à la pensée de l'asservissement de l'Irlande, — mais, en notre siècle, la loi est une arme plus tranchante que l'épée. Je veux vaincre selon la loi, avec la loi, par la loi. Ma violence, ma passion, ma fougue, tout cela peut se taire. Je sais attendre... »

Rio-Santo ferma brusquement la lettre et la rejeta, froissée, au fond du coffret.

Il ne nous convient pas d'écrire en toutes lettres sur ces pages frivoles le nom illustre qui signait cette missive. Ce nom, l'univers entier le connaît; il excite un intérêt à la fois romanesque et grave; il est dans toutes les bouches et représente assurément la gloire la plus populaire de notre âge.

L'enthousiasme de Rio-Santo s'était glacé subitement au contact de cette raison froide. Il resta quelques minutes immobile, absorbé dans ses réflexions.

Fanny, la pauvre femme, se repentait de

l'avoir contraint à lire cette lettre qui changeait sa joie en tristesse.

— Cet homme est un avocat! dit enfin le marquis avec amertume et colère.

Puis, se reprenant aussitôt, comme s'il se fût reproché ce mouvement :

— C'est un lumineux esprit, ajouta-t-il, et un grand citoyen ; — mais il ne connaît rien de mes ressources... Il ne sait pas...

Son sourire triomphant reparut, tandis qu'il pesait dans sa main ouverte le paquet de lettres naguère contenues dans le coffret.

— Il ne sait pas, poursuivit-il encore, que mon armée disperse chez tous les peuples alliés ou ennemis de l'Angleterre ses innombrables bataillons! Il ne sait pas que j'ai prêché partout, — partout! — la croisade contre la Grande-Bretagne!... Attendre, dit-il... Mais j'ai attendu quinze ans... Il ne sait pas cela encore!... Ah! il dit vrai en un point pourtant... je hais l'Angleterre presque autant que j'aime l'Irlande... Et c'est pour cela que ses voies légales et pacifiques ne me suffisent point; — c'est pour cela que je veux détruire pour édifier; — c'est pour cela qu'il me tarde et que ma volonté est de ne plus attendre!...

Quelques minutes après, M. le marquis de Rio-Santo se faisait annoncer dans le salon de Sa Grâce le prince Dimitri Tolstoï, ambassadeur de Russie.

Le Russe venait d'achever sa toilette. Il partait pour la cour. Son costume de feld-maréchal étincelait d'or et de diamans, ce qui faisait ressortir davantage la sauvage barbarie de ses traits.

A la vue de Rio-Santo, il prit un air affable et ordonna de rentrer son équipage.

— Monsieur le marquis, dit-il, l'honneur de votre visite me rend singulièrement joyeux. J'espère que nous allons causer longuement...

— Nous allons causer très longuement, milord, répondit Rio-Santo.

Le prince s'inclina gracieusement et conduisit son hôte jusqu'à la magnifique causeuse qui ouvrait auprès du foyer ses bras de velours.

Rio-Santo s'assit ; le prince en fit autant.

— Monsieur le marquis, reprit ce dernier, notre affaire marche... J'ai suivi en tous points les instructions de Votre Seigneurie, et il ne m'étonnerait pas du tout que, d'ici à deux ou trois mois...

— Prince, interrompit doucement Rio-Santo, — avec ou sans le secours de Votre Grâce, tout sera fini dans deux ou trois jours.

XXXII

TARTARE.

Le prince Dimitri Tolstoï regarda Rio-Santo avec étonnement et de cet air qui semble dire : cet homme ne serait-il point fou ?

— Assurément, milord, dit-il après un silence, je suis désormais fort acquis à Votre Seigneurie, mais il n'est pas possible que vous ignoriez les lenteurs inhérentes aux négociations diplomatiques.... Depuis six jours j'ai commencé une série de démarches...

— Milord, il faut les continuer, interrompit Rio-Santo, mais moi je n'ai pas le temps d'attendre leurs résultats. Il me faut une avance sur ce résultat... Votre Grâce ne pense-t-elle pas qu'une promesse politique puisse s'escompter comme un effet de commerce ?

— Si Votre Seigneurie daignait s'expliquer plus clairement....

—Vous ne comprendriez pas mieux, prince, parce que vous comprenez parfaitement....

Mais Votre Grâce aurait le temps de réfléchir...
Réfléchissez, milord.

Le Russe avisa n'avoir rien de mieux à faire qu'à profiter de la permission. Au bout de quelques secondes, il reprit avec une mauvaise humeur non feinte :

— Sur ma foi, milord, dussé-je passer auprès de vous pour un esprit obtus et aveugle, il est certain que je ne vous comprends pas.

— A Dieu ne plaise que je mette en doute la parole de Votre Grâce ! je vais m'expliquer... Entre complices, milord, on se doit la franchise

Tolstoï retint un geste de violente dénégation.

— Complice ou... collaborateur, milord, reprit le marquis, le mot n'y fait rien, et je suis convaincu que vous ne songez point à nier votre participation à une œuvre que l'empereur, votre maître, honore de son approbation... Voici le fait. Je crois vous avoir dit déjà que l'attaque où vous allez m'aider n'est qu'une faible partie de mon système de bataille... le principal n'est donc pas de réussir effectivement et complétement, mais d'arriver à un résultat qui, réel ou fictif, se puisse combiner avec d'autres armes et militer pour sa part dans la lutte qui va s'engager. Plus tard, que le succès entier vienne, que les États européens entourent l'Angleterre, ce gigantesque comptoir, d'une barrière infranchissable à ses produits, cela ne sera point inutile,

car le colosse ne tombera pas tout d'un coup.
— Mais, à présent, il s'agit d'un fantôme, d'une apparence, d'une menace... Commencez-vous à me comprendre, milord ?

— Je comprendrai mieux, monsieur le marquis, si vous vous expliquez davantage.

— Soit... Je voudrais, milord, que cette mesure à laquelle Votre Grâce pense pouvoir amener, — dans deux ou trois mois, — messieurs les ambassadeurs des puissances, fût le sujet de toutes les conversations demain à Royal-Exchange.

— Quoi, monsieur ! s'écria le prince en fronçant le sourcil ; un pareil projet colporté à la Bourse !...

— Je le voudrais, milord.

— Mais Votre Seigneurie ne songe pas au danger de compromettre le nom de l'empereur.

—Si fait... le nom de l'empereur doit être prononcé. La chose me paraît absolument indispensable.

— La chose me paraît absolument impossible, répondit le prince d'une voix ferme et avec réflexion.

— Ce ne peut point être votre dernier mot, milord, car la lettre de l'empereur...

— Pensez-vous donc que Nicolas pût consentir à l'imprudente démarche que vous me proposez ! s'écria Tolstoï.

— Non, milord, non, assurément, répondit le marquis avec une froideur négligente ; — je ne puis penser cela. Sa Majesté Impériale est un trop excellent politique pour...

Le Russe se leva et repoussa son siége avec violence.

— Alors, dit-il, lâchant la bride à sa fureur rentrée de l'autre fois et à sa colère actuelle, — alors, monsieur, votre proposition est un outrage manifeste...

— Fi, prince ! fi donc ! prononça gravement Rio-Santo. — Votre fidèle dévoûment ne peut susciter l'ombre d'un doute... Jamais Sa Majesté n'eut un plus sûr, — un plus irréprochable serviteur...

La colère de Tolstoï rentra une fois encore, et une sorte de terreur instinctive se peignit dans son regard, qu'il voila prestement derrière les poils fauves de ses épais sourcils.

— Milord, dit-il en se rasseyant, — j'avais cru... je pensais... j'accepte avec plaisir les explications de Votre Seigneurie.

— Et Votre Grâce tombe d'accord avec moi sur l'objet de ma visite ?

Tolstoï interrogea, d'un rapide regard, la

physionomie du marquis. Le calme complet et poussé jusqu'à l'indifférence qu'il y découvrit sembla changer de nouveau le cours de ses idées; il reprit son ton péremptoire.

— Non, milord, non, répondit-il. La lettre de Sa Majesté qui est entre vos mains...

— Est explicite, songez-y, prince.

— Pas assez pour autoriser une trahison, milord!

Rio-Santo eut comme un sourire involontaire en répondant :

— Je conçois que Votre Grâce ait horreur de la pensée même d'une trahison...

— Qu'est-ce à dire, monsieur! s'écria encore Tolstoï en retrouvant sa pose de spadassin; — voilà deux fois que vos paroles ont un accent de raillerie...

— En aucune façon, milord... Veuillez vous rasseoir, je vous en conjure; jamais je ne parlai plus sérieusement... Je conçois, disais-je, que Votre Grâce ait horreur de la pensée même d'une trahison, parce que je crois savoir que la trahison ne lui a point réussi autrefois.

Tolstoï devint blême de rage. Ses moustaches, se relevant de chaque côté en un rire amer et convulsif, laissèrent voir la longue rangée de ses dents aiguës et blanches comme les dents d'un animal sauvage. Il y eut dans la posture qu'il prit tout-à-coup quelque chose de la pose menaçante du tigre prêt à s'élancer sur sa proie pour la dévorer.

— Qui vous a dit cela? demanda-t-il d'une voix étranglée.

— Personne... Je l'ai su, voilà tout.

— Comment l'avez-vous su?

— C'est une anecdote, milord, répondit Rio-Santo en opposant à la brutale vivacité de Tolstoï l'excès d'une courtoisie cérémonieusement exagérée : — je me ferai un plaisir de la conter à Votre Grâce... C'était, autant qu'il m'en souvient, en 182. ; je me trouvais à Pétersbourg sous le nom du comte Policeni...

— Policeni ! répéta Tolstoï.

— Oui... J'ai porté comme cela un certain nombre de noms... Il y avait à cette époque un jeune gentilhomme assez bien en cour, le comte Dimitri Spraunskow, lequel, pour une cause ou pour une autre, fut accusé de haute trahison...

— Mais il fut jugé, milord, interrompit Tolstoï avec agitation, jugé et absous de cette calomnieuse accusation... Vous avez eu tort de compter sur ce triste souvenir.

— Le comte Dimitri fut acquitté faute de preuves, milord.

— La calomnie manque toujours de preuves, monsieur... Et, par saint Nicolas ! le comte Spraunskow, devenu prince Tolstoï, n'en porte pas moins haut la tête, entendez-vous, pour avoir été faussement accusé autrefois.

— Chacun porte la tête comme il l'entend, milord... Je disais donc que Votre Grâce fut acquittée faute de preuves.

— Qu'en prétendez-vous conclure, s'il vous plaît, monsieur ? demanda superbement Tolstoï.

— Si Votre Grâce veut bien me le permettre, je prétends poursuivre mon anecdote... En ce même temps, le comte Spraunskow avait pour maîtresse une fort belle Italienne, — fort belle, milord, je dois en convenir, — appelée la signora Palianti...

— C'est vrai, murmura le Russe.

— Je ne sais comment cela se fit... Il paraîtrait que Spraunskow, prisonnier, se repentit d'avoir mis trop de confiance en sa belle maîtresse, qu'il craignit des aveux, — pis que cela, peut-être, la remise de certain dépôt... des pièces importantes... des preuves...

— Mais, monsieur!... voulut interrompre l'ambassadeur.

— Permettez, milord, reprit paisiblement Rio-Santo; — des preuves, disais-je. Mon

Dieu, oui... Il paraîtrait certain que la signora Palianti, qu'elle fût ou non du complot, possédait les écritures, — les états, — les livres eu partie double de la conspiration... Car on en est encore là en Russie : c'est l'enfance de l'art. Oh ! milord ! ce ne serait point, je le gage, le prince Dimitri Tolstoï qui commettrait à présent pareille étourderie !...

— Monsieur ! monsieur ! me direz-vous ?...

— Permettez, milord... Le comte Spraunskow, essayant de réparer une étourderie par une maladresse, écrivit à Laura...

— Mais vous avez donc été son amant, monsieur ? s'écria Tolstoï écumant.

—Pardieu ! milord, répondit Rio-Santo avec une si parfaite aisance de grand seigneur que la fatuité du mot passa presque inaperçue ; — ceci est la moindre des choses, et Votre Grâce ne peut exiger que je m'en souvienne au juste... Si j'ai eu ce bonheur, ce devait être, du reste, à l'époque dont nous parlons, car la lettre du comte passa sous mes yeux...

— Infamie ! gronda Tolstoï ; — pendant que j'étais captif !...

— Je ne pense pas avoir dit, interrompit Rio-Santo, que la signora eût attendu l'arrestation de Votre Grâce.

Il termina sa phrase par un léger salut, accompagné d'un bienveillant sourire.

Le Russe, vaniteux à l'excès, comme tous les gens de sa nation, ressentit profondément ce dernier trait, qui le blessait dans l'une de ses plus chères prétentions. Il se leva une seconde fois, tremblant de rage, et fit un pas vers le marquis.

Celui-ci, sans perdre son sourire, le couvrit de son regard souverain, dont le choc vainqueur sembla renfoncer la prunelle brûlante de Tolstoï sous la fauve toison de ses sourcils froncés.

Il s'arrêta, partagé entre sa fureur et un superstitieux mouvement de crainte. — L'idée traversa son esprit troublé que cet homme, qui était là près de lui, avait un pouvoir surnaturel.

Rio-Santo s'accouda au bras de sa causeuse.

— Oui, milord, poursuivit-il, la lettre du comte Spraunskow ne fut pas pour la signora toute seule; de ses mains elle passa dans les miennes...

— Et vous la lûtes, monsieur ?

— J'eus cette indiscrétion, milord.

Tolstoï laissa échapper un blasphème et se prit à parcourir le salon à grands pas, en murmurant de sourdes imprécations. Rio-Santo ne semblait point prendre souci de cette furibonde promenade, durant laquelle le prince se donna le plaisir de briser, contre le bronze doré du foyer, une Taglioni de marbre qu'il avait achetée la veille une centaine de livres.

Cette exécution lui apporta un sensible soulagement.

— Ma foi, monsieur le marquis, dit-il au bout de quelques secondes, d'un ton qui voulait être très dégagé, — je ne sais à quel jeu nous jouons ce soir; mais, au demeurant, que m'importe tout cela?... Vous ne pensez pas, je suppose, que je sois jaloux encore de la signora Palianti, et, quant à ma lettre, elle vous donne le droit de me regarder comme coupable, voilà tout.

— Permettez, milord, répartit Rio-Santo, dont la voix devint grave; — Votre Grâce fait erreur : ce n'est pas tout... Si c'était tout, mon anecdote serait dépourvue de sel et je me verrais forcé de la terminer par quelque banale maxime, comme celle-ci, par exemple : « bien fou qui met son secret entre les mains d'une femme... » J'ai mieux que cela, milord.

— Qu'y a-t-il encore? murmura le prince.

— Il y a que je suis venu visiter Votre Grâce dans un but ; — que ma requête a été une fois déjà repoussée, et que je reviens à la charge.

— C'est inutile, monsieur ! dit Tolstoï avec impatience.

— Pardonnez-moi, milord, c'est non seulement fort utile, mais absolument indispensable... Il faut vous dire que, du plus loin que je me souvienne, j'ai toujours été possédé d'une étrange manie... Je vous la recommande, du reste, milord, car je m'en suis constamment bien trouvé. Cette manie consiste à saisir toute occasion de pénétrer au fond d'un secret, sans savoir à quoi pourra servir cette connaissance acquise... Voyez-vous, milord, j'appelle cela ensemencer le hasard... et je ne connais point de champ aussi fertile que le hasard. La récolte s'y fait parfois attendre, — mais la semence oubliée germe un beau jour tout-à-coup, et la moisson dépasse les plus folles espérances.

Tolstoï avait le cœur serré par une vague inquiétude. Il sentait que Rio-Santo avait découvert en lui un point vulnérable, et ne savait où se porter à la parade. Il se tenait debout et les bras croisés devant le marquis, toujours nonchalamment assis dans sa causeuse. Son anxiété croissante se peignait sur son rude visage avec une énergie naïve, terrible et plaisante à la fois.

Rio-Santo poursuivit d'une voix brève :

— Je ne veux point vous faire languir davantage, milord. Après avoir lu votre lettre, il me prit fantaisie de voir ces preuves confiées par vous à la signora Palianti...

— Imprudent ! imprudent et fou ! murmura le prince avec colère contre lui-même.

— Je n'eusse point osé appliquer ce dernier mot à Votre Grâce, reprit Rio-Santo. — La signora refusa d'abord de satisfaire ma curiosité. Je dois ajouter qu'elle résista long-temps à mes prières, cinq minutes, pour le moins, milord. Mais, si vaillante qu'elle soit, toute défense a un terme. La signora céda. J'eus entre les mains ces fameuses pièces qui m'apprirent que vous étiez affilié aux sociétés secrètes d'Allemagne.... Tudieu! milord, en Russie, vous jouez dans toute la rigueur des règles à ce terrible jeu des conspirations. Rien ne manquait à votre dépôt. On eût dit le dossier de Catilina... Harangues, sermens écrits avec du sang, et jusqu'à la classique liste des conjurés!...

Rio-Santo se prit à rire. Tolstoï rongeait son frein en silence.

— Et que fit de tous ces chiffons Votre Seigneurie? demanda timidement Tolstoï qui avait peine à respirer.

— Je les rendis à la signora, milord.

Une bruyante bouffée d'air s'échappa de la doitrine du prince, qui releva la tête.

— Ah! vous les rendîtes à la signora? dit-il de cette voix contenue qui va devenir provocatrice et menaçante.

— Mon Dieu, oui, milord.

— Tous?...

— Presque tous.

Tolstoï recula comme s'il eût reçu un coup dans la poitrine.

— Milord, je n'en gardai qu'un, reprit Rio-Santo avec son implacable courtoisie ; — un seul, le plus petit de tous, — trois lignes écrites et signées avec du sang.

— Le serment ! balbutia Tolstoï anéanti.

—Précisément, milord.

— Le serment où je jurais… Mon Dieu ! mon Dieu !

—Où vous juriez de mettre votre poignard

dans la poitrine de Sa Majesté... La Jeune-Allemagne n'y va pas par quatre chemins.

— Mon Dieu! mon Dieu! répéta le pauvre Tartare, rendu plus faible qu'un enfant par ce choc mortel et imprévu.

— Milord, continua le marquis, je ne pouvais penser alors que le comte de Spraunskow, prisonnier d'État, et livrant des secrets de vie et de mort à une aventurière, deviendrait un jour la fleur des diplomates européens... Ce fut la force de l'habitude qui me poussa... J'ensemençai le hasard... La moisson est venue, comme vous voyez.

Tolstoï ne répondit pas tout de suite. Il s'était laissé tomber, accablé, dans un fauteuil.

Il avait des éblouissemens. Mille images menaçantes et bizarres passaient devant ses yeux. Il voyait les sombres cachots des Casemates, les glaces de la Sibérie, le glaive étincelant du bourreau...

Au bout de quelques minutes, il fit rouler son fauteuil sur le tapis et s'approcha de Rio-Santo.

— Ainsi, dit-il à voix basse, vous avez cet écrit, monsieur le marquis ?

— Ces choses-là se conservent, milord.

L'œil de Tolstoï, brillant tout-à-coup sous la profonde saillie de ses sourcils, sembla toiser Rio-Santo et mesurer les chances d'une lutte désespérée. Rio-Santo, qui vit parfaitement ce regard, ne bougea pas.

—Vous l'avez, reprit le prince, —sur vous ?

— Non pas, milord.

Les dents de Tolstoï s'incrustèrent dans l'épaisseur charnue de sa lèvre. Son regard s'éteignit.

— Non pas ! répéta Rio-Santo en souriant ; — Votre Grâce y songe-t-elle ?... Je ne connais point de portefeuille assez vaste pour contenir tous les petits talismans dont j'ai fait ainsi collection durant le cours de ma vie... Votre serment est à sa place.

— Où ? demanda le prince sans espoir d'obtenir une réponse.

— A Saint-Pétersbourg, milord.

Tolstoï leva sur Rio-Santo un regard de haine envenimée.

— Monsieur le marquis, dit-il en lui serrant convulsivement la main, que Dieu vous garde d'être jamais en mon pouvoir comme je suis au vôtre !... Ordonnez : j'obéirai.

XXXIII

MAGASIN DE SODA-WATER.

Le marquis de Rio-Santo quitta sa pose paresseuse et changea de ton aussitôt.

— Nous n'avons plus que bien peu de temps pour parler affaires, milord, dit-il en consultant la pendule; — je vais vous dire ce que j'attends de votre bienveillante obligeance et ce qui en résultera.

— Eh! monsieur le marquis, répliqua le Russe avec une chagrine impatience, — quant au résultat, je me fie à Votre Seigneurie... Vous avez si bien *ensemencé le hasard*, que vous finirez par en venir à vos fins, malgré vos alliés eux-mêmes.

— Je ne prends point note de cet aveu, milord, dit sévèrement Rio-Santo, — qui me porterait à penser que je dois compter décidément Votre Grâce au nombre de mes adversaires...

Tolstoï garda le silence.

—Milord, poursuivit le marquis en donnant de profondes vibrations aux notes graves et sonores de sa voix, — les Kutusow sont bien en cour et sont vos ennemis... celui qui mettrait entre leurs mains la lettre dont nous parlions tout à l'heure serait le bien-venu, qu'en dites-vous?...

Les traits de Tolstoï se contractèrent à cette menace.

— Vous frappez un vaincu, monsieur le marquis, dit-il avec effort. Encore une fois, parlez : j'obéirai.

— Et vous n'aurez nulle peine à le faire, milord. Le bruit de l'interdit frappé sur les produits anglais se répandra de lui-même à la

Bourse. Je me charge de cela. Votre rôle se bornera, lorsque quelque *haussiste* effaré viendra demander des renseignemens à votre hôtel, à nier maladroitement... vous savez, milord?... à répondre de telle façon que vos négations puissent équivaloir à un aveu.

— Cela suffit, dit le prince. Vous serez satisfait.

— Et Votre Grâce ne désire-t-elle point savoir le but?...

— Non, milord.

— Je me serais fait un plaisir de la mettre dans ma confidence... Le mouvement de baisse sera subit et violent, d'autant plus que d'autres bruits viendront se joindre à cette fatale nouvelle.

— Ah!... fit le prince que reprenait la curiosité diplomatique.

— Oui, milord... Le gouvernement a reçu aujourd'hui même et ces dernières semaines, un faisceau de dépêches accablantes...

Rio-Santo tira son paquet de lettres et le parcourut tout en poursuivant :

— Trois établissements de la Compagnie ont été saccagés par les Affghans...

— Bagatelle ! dit le prince.

—Permettez... le Sindhy tout entier à pris

les armes, poussé par des agens mystérieux qu'on pense être venus d'Europe...

— Ah! fit encore Tolstoï.

— Le Haut-Canada est en pleine révolte, et les troupes du roi y ont eu le dessous dans deux engagemens...

— Oh! oh!... et d'où vient cette révolte, milord marquis?

— Des meneurs... des gens venus d'Europe...

— Ah! dit une troisième fois Tolstoï, dont le regard se fit craintif et respectueux.

— Le céleste empereur, poursuivit Rio-

Santo, vient de défendre le commerce de l'opium sur toutes ses côtes, sous peine de mort.

— Bravo ! s'écria involontairement le Russe ; — et qui diable a donné à ce magot une aussi excellente idée ?...

— Des officieux, milord, des gens venus d'Europe.

— Vous êtes un grand politique, monsieur le marquis, murmura Tolstoï.

— Autre chose. Les États-Unis soulèvent des prétentions à propos de l'Orégon ; ils parlent d'une guerre et en parlent très-haut...

— Et c'est vous encore ?

— Milord, c'est Votre Grâce qui, bénévolement, m'attribue tout cela. L'avidité seule des Américains suffit bien, je pense, pour expliquer ce résultat... On prétend cependant que des gens venus d'Europe...

Le Russe montra ses longues dents en un gros et franc éclat de rire.

— Monsieur le marquis, interrompit-il, tous ces gens venus d'Europe m'ont terriblement l'air d'être de vos commis-voyageurs politiques, envoyés là pour ensemencer le hasard...

— Le mot vous plaît, milord, à ce qu'il paraît, dit seulement le marquis; — ce n'est pas tout... Il s'est formé en Irlande un nombreux parti qui, laissant derrière lui les zélateurs de cette politique de paix, de pétitions inoffensives et de temporisation, dont l'apôtre est Daniel O'Connel, prétend secouer effectivement le joug et livrer ses droits méconnus aux chances d'une bataille.

— J'attendais ce dernier trait, dit Tolstoï ; — Votre Seigneurie n'a rien oublié !

— Ces bonnes gens trouvent, milord, reprit Rio-Santo, que le grand agitateur se fie trop à ses moyens de procédure ; ils disent que son âme généreuse, chrétienne, loyale, a peut-être trop de répugnance à en venir à l'*ultima ratio* des peuples opprimés ; ils pensent que Daniel O'Connel, malgré son puissant génie, se fait illusion en espérant conquérir la liberté d'un grand pays à la pointe de quelques subtilités légales. La loi anglaise est pour lui et contre lui; elle a des textes pour chacun, et, tandis qu'il temporise, un jury corrompu ne pourrait-il pas couper ses projets par la racine en fermant sur lui les portes d'une prison?...

— Ces bonnes gens parlent d'or, monsieur le marquis... Et n'y a-t-il point quelque autre chose?

— Non, milord. C'est tout, sauf quelques petits désastres de détail qui passeront inaperçus dans la détresse du gouvernement.

Rio-Santo remit ses lettres dans sa poche.

— J'oubliais pourtant d'informer Votre

Grâce, ajouta-t-il, que le crédit de la Compagnie est notablement ébranlé par la fuite simultanée d'une bonne moitié de ses comptables de l'Inde, chez lesquels a surgi comme une épidémie soudaine de banqueroutes...

— Oh!... oh!... oh!... cria le prince en se frottant les mains, — c'est le comble!... Par saint Nicolas! milord, si vous étiez un agent de Sa Majesté, au lieu de travailler dans un but inconnu qui m'échappe et m'inquiète, je vous servirais comme votre valet de chambre!

— Je vous rends grâce, milord. Mais ce n'est pas là le comble... Le comble, c'est la petite opération de finances dans laquelle vous voulez bien m'aider... Un seul côté restait ouvert au crédit de l'Angleterre : l'Europe, où son commerce, violemment attaqué dans les quatre parties du monde, aurait pu essayer de refluer... De ce côté, je place Votre Grâce en sentinelle... Le coup que vous portez, sans trop vous déranger, complète le désastre... la baisse de demain... ou d'après-demain, car un dernier renseignement qui doit fixer la date me fait défaut, aura toutes les allures d'une débâcle ; — vous le croirez, milord, quand vous saurez que j'ai pour moi des porteurs pour cinq cent mille livres... Or, je sais que la Trésorerie n'a pas en caisse plus d'un million sterling...

—Il y a la Compagnie des Indes, dit le prince.

— La Compagnie des Indes ne peut en ce moment porter secours à personne.

— Mais la Banque ?

— La Banque ? Milord, à l'heure dont je vous parle, la Banque sera des nôtres et ne paiera que pour nous.

— Comment cela ? dit Tolstoï étonné.

Rio-Santo se leva.

— Milord, répliqua-t-il en saluant pour prendre congé, il n'est pas en mon pouvoir de vous contenter sur ce point... Demain, j'aurai l'honneur de vous faire tenir de mes nouvelles.

— Monsieur le marquis, j'attendrai vos ordres.

Tolstoï reconduisit son hôte jusqu'à la dernière marche de son perron. Il suivit de l'œil la voiture emportée par le galop de son fier attelage, et dans ce regard il n'y avait plus de haine.

— Inutile de combattre cet homme, murmura-t-il en regagnant lentement son salon ; mieux vaut suivre son char... Allons ! je vais me rendre à la cour... Par saint Nicolas ! c'est peut-être bien ma dernière visite !

Au détour de la rue, l'équipage de Rio-Santo s'arrêta. Le cocher descendit de son siége, et prit à pied le chemin d'Irish-House.

Ereb monta sur le siége à sa place, et, sans demander la direction à prendre, lança les quatre chevaux au galop.

Pendant cela, le cavalier Angelo Bembo avait rempli une partie de son office et convoqué les lords de la Nuit. Cela fait, il se dirigea vers Prince's-Street (Bank).

A l'angle formé par cette rue et Poultry, vis-à-vis de l'embouchure de Cornhill, il y avait un petit rez-de-chaussée, propret et badigeonné à neuf, qui occupait pour moitié la place tenue maintenant par le beau magasin d'oranges et d'ananas ouvert sur Poultry et Prince's-Street.

Ce fut à ce rez-de-chaussée que Bembo s'arrêta.

Tout avait là un aspect honnête, sérieux, placide. C'était évidemment la demeure d'un quaker ou de l'un de ces presbytériens écossais de la vieille roche qui dînent d'un texte d'évangile, et rêvent, dans l'innocence de leur cœur, de têtes de rois coupées et autres frivolités bibliques.

On y faisait, seulement pour soutenir la chair et ne point livrer l'esprit aux suggestions du démon d'oisiveté, un tout petit commerce de soda-water.

Les chalands étaient rares. L'apparence grave, froide, taciturne du maître de la maison, — ou mieux des maîtres, car deux personnes se relayaient au comptoir, éloignait plutôt qu'elle n'appelait la pratique, et, n'eût été le garçon de cave, long et maigre Irlandais d'un passable caractère, la petite boutique se serait passée d'acheteurs.

Mais cela importait peu au saint Jédédiah Smith, qui, insoucieux des petites affaires de ce monde, passait sa vie, comme il le disait, « en les choses de l'esprit, mortifiant la chair et appelant le courroux du Dieu fort sur la grande prostituée qui se couche sur sept collines. »

Ce style apocalyptique lui avait valu la pratique de mistress Foote, de mistress Bull et des cinq autres mistresses dont les noms harmonieux ont chatouillé agréablement plus d'une fois l'oreille des lecteurs de ce récit. La sixième, mistress Bloomberry, ne se fournissait point ailleurs; mais il est juste de dire qu'elle venait chez Jédédiah Smith, attirée par les six pieds du garçon de cave, lequel avait réellement une fort galante tournure, avec son chapeau bas de cuve, son frac bleu tiré à quatre épingles, ses *inexpressibles* couleur chamois et ses puissans souliers à boucles non cirés.

Hélas! le long garçon de cave aimait ailleurs, et mistress Bloomberry, l'infortunée, buvait en vain d'atroces quantités d'eau gazeuse.

Bembo était pressé. Il entra précipitamment

dans le parloir où M. Smith lisait à haute et nasillarde voix un chapitre de la Bible.

— Que voulez-vous? dit ce dernier en interrompant sa lecture, mais sans lever ses yeux protégés par un incommensurable garde-vue de soie verte.

— Major, répondit Bembo, je suis envoyé par M. Edward...

M. Smith ferma prestement sa Bible.

— Chut, signor, chut! dit-il. Appelez-moi Jédédiah Smith... Cette maison est publique, voyez-vous.

— Eh bien! monsieur Jédédiah Smith, reprit Bembo, je suis envoyé pour savoir positivement où en sont les travaux...

— Parlez plus bas, signore... Les travaux ? Dieu a béni nos efforts, et nous sommes désormais bien près du but.

— Milord désire une réponse plus précise que cela, dit Bembo.

— Milord sera satisfait, signore... Prenez la peine de vous asseoir un instant.

Jédédiah tendit sa Bible in-quarto au cavalier Angelo Bembo, comme on a coutume de présenter une brochure ou un journal pour faire patienter et attendre. En même temps il tira fortement le cordon d'une sonnette qu'on n'entendit point retentir.

Bembo s'était assis en prévenant qu'il était pressé.

Au bout d'une minute, on put ouïr un pas lourd, frappant à intervalles dignes et comptés les planches de l'escalier de l'office.

— Allons, *waiter,* allons ! cria M. Jédédiah Smith.

— Tonnerre du ciel ! — que diable, — répondit une voix honnête et vigoureusement timbrée, me voici, insupportable commère, ma chère dame Bloomberry... car il n'y a que mistress Bloomberry au monde, vingt mille misères ! pour venir, à cette heure indue, chercher sa pinte de *soda-water.*

—Le livre a dit : Tu ne blasphémeras point ! prononça M. Smith de sa voix la plus nasillarde.

— Dieu me damne, monsieur Smith ! répliqua le bon capitaine Paddy O'Chrane, qui fit en ce moment son entrée, et dont le maigre corps sortit si lentement de la cage de l'escalier, qu'on put croire un instant qu'il n'en sortirait jamais. — Dieu me damne, monsieur ! si le livre dit cela, c'est un bon livre, après tout, que la foudre m'écrase !... Mais je ne vois pas l'excellente madame Bloomberry, ce triste entonnoir à thé ?

—Mistress Bloomberry n'est pas ici, Paddy, et je voudrais qu'elle n'y vînt jamais, car je soupçonne que l'aiguillon de la chair l'y amène...

— Du diable! fit le capitaine avec une grimace.

— Je vous ai appelé, reprit M. Smith, pour répondre à ce gentleman.

Paddy se tourna vers Bembo et lui offrit un salut militaire, tout en jetant sur la manche gauche de son habit bleu la serviette, signe distinctif de son apparente profession.

— Et que veut cet honorable gentleman? demanda-t-il.

Bembo lui répéta en peu de mots la question qu'il avait faite à M. Smith. Paddy se redressa et changea sa physionomie de garçon de cave contre l'air digne et conscient de son propre mérite que nous lui connaissons.

— De sorte que, par le nom de Satan ! — que Dieu me punisse, — qu'il me punisse comme un païen ! dit-il en jetant dédaigneusement sa serviette, je puis informer ce gentleman, — sur ma foi, — qu'il parle, non pas à un garçon de public-house, mais bien au capitaine Paddy O'Chraue, ancien patron du sloop le *Hareng,* triple tempête ! de la maison Gween et Gween de Carlisle, tonnerre du ciel !

— Il ne s'agit pas de cela, dit M. Smith ; répondez au gentleman.

— Que je lui réponde, mort de mes os ! que

je lui réponde !... s'écria le capitaine. — Eh bien, monsieur Smith, eh bien ! je ne demande pas mieux, ou que je sois rôti sans miséricorde durant toute l'éternité !...

— Le livre dit : Tu ne blasphémeras point, murmura M. Smith par la force de l'habitude.

—A la bonne heure, monsieur, que diable ! à la bonne heure ! le livre ne dit rien ; c'est vous qui le faites bavarder... Trou de l'enfer ! je voudrais bien savoir, ma foi ! — que Dieu me foudroie ! — à qui cela peut porter préjudice, monsieur !... Quant à ce qui est de la question du gentleman, personne ne pouvait y répondre mieux que moi, j'en fais serment, si ce n'est cette ignoble masse de chair, d'os, de porter et de gin, le digne Saunder l'Éléphant... Et encore...et encore, je veux être pendu, si Saunder a ce qu'il faut de savoir vivre et de bonnes manières pour répondre honnêtement à la question du gentleman.

Bembo frappa du pied avec impatience.

— Je suis pressé! répéta-t-il.

— Oh! diable! monsieur!... que ne le disiez-vous tout de suite!... Eh bien! la chose va tout doucement, Dublin n'a pas été bâti en un jour, de par Dieu! savez-vous qu'il y a loin d'ici à l'enceinte intérieure de la Banque?.... Saunder est un stupide scélérat, mais c'est un honnête garçon... il travaille... et il boit en conscience.

— Mais enfin, où en est la mine?

— La mine, monsieur? je pense que vous voulez parler du trou, par Satan!... Ma foi, il est là, sous vos pieds et sous les miens, tempête! et sous ceux de M. Smith, qui fait semblant de grignoter un petit morceau d'évangile, que le diable m'emporte!

— Ne puis-je y descendre avec vous? demanda Bembo.

— Si vous le pouvez?... Je crois que vous le pouvez, monsieur... Et pourtant, personne que moi n'y met le nez d'ordinaire... Qu'en dites-vous, monsieur Smith?

— Ce gentleman vient de la part de Son Honneur, répondit M. Smith.

— Ah ! que le démon couche avec moi ! s'écria Paddy en ôtant respectueusement son chapeau bas de cuve, — je suis le serviteur du gentleman et de celui qui l'envoie... sur ma foi, c'est bien différent... Le trou est presque percé, monsieur, puisque Son Honneur veut le savoir, et, si la boussole ne ment pas, nous n'avons plus que trois pieds tout au plus pour déboucher comme d'honnêtes garçons dans les caves de la Banque... Et il était temps, pardieu! car cette pauvre créature de Saunder, — le stupide coquin ! — ne bat plus que d'une aile et sent le cimetière d'une lieue... Ah ! voyez-vous, gentleman, voilà le neuvième mois qu'il fait la taupe sous terre, et depuis ce temps-là il a avalé plus de *ruine bleue* qu'il n'en faudrait pour jeter bas dix chrétiens... Dieu puisse-t-il nous damner!... c'est-à-dire nous sauver, vous et moi, gentleman... ainsi que M. Smith lui-même!... Mais, j'y pense, puisque vous venez de la part de Son Honneur, la consigne n'est pas pour vous, et si vous aviez fantaisie de visiter le trou?...

Bembo ne put réprimer le premier mouvement de sa curiosité surexcitée.

— Ma réponse à milord en sera plus positive, dit-il ; — j'accepte votre offre, monsieur.

Paddy O'Chrane redressa sa haute taille,

poussa, pour dégager sa gorge, un Dieu me damne! retentissant, qui fit tressaillir M. Smith, et se dirigea, au pas ordinaire, vers le trou, dans lequel ses six pieds disparurent pouce à pouce.

Le cavalier Angelo Bembo le suivit.

Au bas de ce premier escalier se trouvait un petit magasin d'eau gazeuse, en tout semblable à ceux du commerce sérieux et ordinaire. Le capitaine Paddy traversa cet office sans s'arrêter, et, à l'extrémité opposée, déplaça une vaste tonne qui masquait une porte.

Là commençait le *trou* percé par Saunder l'Eléphant.

— De par Satan ! monsieur, dit le capitaine, excusez-moi si je passe le premier. Je suis chez moi.

XXXIV

SAUNDER L'ÉLÉPHANT.

Il y avait au cirque d'Astley, en 183., un clown nommé Saunder Mass ou Saunder l'Éléphant, qui faisait l'admiration de tous les cokneys de Londres par sa vigueur extraordinaire. Ce Saunder était originaire de Namur, et s'appelait tout bonnement Alexandre. C'était un homme d'une taille colossale, un géant lymphatique, lourd, stupide, une contrefaçon belge de Goliath. On citait de lui des tours de force tout à fait hors ligne : nous avons vu Snail affirmer que Saunder soulevait un cheval.

Nous ne nous rendons point positivement caution de la chose, appréhendant de faire tort à l'olympique mémoire de Milon de Crotone ; mais vous eussiez trouvé à *The Pipe and Pot*, à l'enseigne de *Shakspeare* et même aux *Armes de la Couronne*, parmi les habitués de la rouge mistress Burnett, une foule de témoins pour attester sous serment la vérité du fait.

Quoi qu'il en soit, Saunder l'Éléphant était un des personnages les plus justement populaires à Londres, dans le printemps de 183., année qui précède l'époque où se passe notre histoire, quand tout-à-coup les honnêtes habitués du cirque se virent privés de leur clown favori. Saunder disparut. Mais il disparut si bien et si complétement que nul n'aurait su indiquer sa trace.

Ce fut un grave sujet d'étonnement pour les personnes qui eurent le loisir de s'occuper de cette éclipse subite. On en parla dans Southwark et de l'autre côté de l'eau. La Tamise coula pendant trois jours entre deux masses de badauds, s'entretenant de Saunder, et mistress Crosscairn fut l'écho de la Cité tout entière, quand elle dit à mistress Bull en étendant le beurre sur sa rôtie fumante :

— Je n'aurais jamais cru qu'un homme aussi gros que M. Saunder pût se perdre comme une épingle ou un peloton de fil.

— Ou un dé à coudre, ajouta ingénieusement mistress Bull.

Le directeur du cirque en fit une grave maladie, et Gibby Gibbon, cabaretier de Lambeth, que l'énorme soif de Saunder faisait vivre, fut obligé de fermer son public-house.

Saunder l'Éléphant, tandis qu'on s'occupait ainsi de lui, passait son temps fort agréablement, en compagnie du capitaine Paddy

O'Chrane, qui fit une petite débauche de trois jours à cette occasion, et changea ses douze sous de *cold-without* contre les grands verres de gin pur, afin de tenir tête à « cette masse ignoble, le digne et bon garçon Saunder. »

Ceci se passait dans la maison du coin de Prince's-Street, qu'on venait de disposer en boutique d'eau gazeuse. Au bout de trois jours, le long festin auquel avait été convié Saunder l'Éléphant prit fin. Le capitaine lui mit en main une pince et divers instrumens d'acier, propres à fouiller la terre sans produire d'ébranlemens, et, dans l'office même, à la place où nous avons trouvé cette vaste tonne déplacée par Paddy, Saunder commença sa besogne.

Il avança fort lentement d'abord, car il n'avait aucune notion de ce genre de travail, et l'intelligence ne pouvait point, chez lui, suppléer à l'habitude. En outre, par excès de précaution, et pour n'avoir nulle chance d'éveiller l'attention des voisins, il lui était interdit de frapper et d'attaquer la terre ou les fondemens à l'aide de chocs violens, comme on fait d'ordinaire dans toute fouille. Il devait percer à la sourdine, comme le ver perce le fruit dans lequel il s'introduit ; la force seule de ses bras d'athlète et le poids extraordinaire de son corps devaient venir en aide à la patience et à la continuité du labeur pour avancer sa gigantesque tâche.

Saunder posait son instrument bien affilé et de pur acier contre le sol, puis il l'enfonçait en pesant dessus. C'était la manière d'agir la plus lente, mais la plus sûre. On n'entendait rien au dehors, on n'entendait rien, même dans le salon où M. Smith vint bientôt s'établir ave sa Bible et son garde-vue vert, ne faisant de courtes absences que les jours de paie de la maison de commerce Edward and C°.

Pour bien comprendre l'énormité de l'entreprise à laquelle on employait ainsi un seul homme, il faut savoir qu'il ne s'agissait point de percer un simple boyau où un être humain pût se glisser en rampant. C'était une galerie qu'il fallait à milords de la Nuit, une galerie où l'on pût marcher et courir.

Dès le commencement, le capitaine Paddy O'Chrane servit de mètre vivant. Une fois arrivé à la profondeur où elle devait être continuée parallèlement au plan de la rue, la galerie dut être creusée de façon à permettre à Paddy de s'y tenir debout. Cela faisait six bons pieds de hauteur.

Quant à la largeur, l'énorme corpulence du géant lui-même en donna naturellement la mesure. Partout où il passait, deux hommes pouvaient le suivre de front.

Une fois les fondations de la maison percées,

la besogne marcha un peu plus vite, Saunder avait acquis de l'habitude. Chaque fois que sa houe sans manche et qu'il maniait à deux mains s'enfonçait dans le sol, un gros fragment de terre se détachait et tombait.

La nuit, des voitures venaient à la porte du magasin de soda-water et emportaient les déblais, enfermés dans de petites tonnes faciles à soulever, que Paddy montait lui-même du fond du trou.

Ceci était la partie la plus dangereuse de l'entreprise, car les voisins auraient pu s'étonner de ce mouvement extraordinaire dans un petit magasin connu pour la faiblesse de sa clientèle, mais les boutiques de Poultry ferment de bonne heure, et, dans Prince's-Street les grands murs de la Banque elle-même étaient de fort discrets vis-à-vis.

Quant aux watchmen qui faisaient encore la police de la Cité, il est à peine besoin de dire qu'ils voyaient et passaient.

Saunder avait dans son trou une existence parfaitement réglée. Il ne sortait jamais, bien entendu : c'était cette nécessité de la séquestration qui l'avait fait choisir, ou qui avait été du moins la principale cause du choix fixé sur lui. La première condition en effet d'une entreprise de ce genre est son inviolable et absolu secret ; or, quelle meilleure garantie du secret que la captivité de l'homme dont on peut craindre l'indiscrétion — Saunder était là pour remplacer dix hommes dont il faisait la besogne et qu'on n'aurait pu enfermer comme lui sans employer la force.

Lui ne se plaignait en aucune façon de son sort. On peut dire qu'il était là de son plein gré, car la facination n'a jamais été regardée comme violence. Saunder était enchaîné dans son trou à peu près comme Renaud dans les poétiques bosquets d'Armide. Seulement Armide manquait. — Un énorme pot de grès toujours plein de gin remplaçait cette charmante femme avec avantage.

En outre, Paddy O'Chrane, avec son éloquence sententieuse et lardée de jurons artistement espacés, avait pris sur l'esprit grossier de l'*Éléphant* un excessif empire. Saunder avait une foi aveugle en tout ce que disait Paddy, et le bon capitaine n'avait garde de lui mettre en tête des pensées d'escapade.

Bien au contraire. Il faisait valoir en termes qui eussent rendu jaloux nos plus énergiques orateurs de la Chambre basse le bonheur dont était entouré Saunder. Que lui manquait-il ? n'avait-il pas un bon lit dans son trou ? ne lui donnait-on pas pour ses repas des tranches de bœuf et du porter en abondance ? Entre ses repas, n'avait-il pas du gin à discrétion et d'excellent tabac de contrebande ? Tout cela, sans parler de l'honneur de trinquer de temps à autre avec un gentleman de l'importance du capitaine Paddy O'Chrane, ancien patron du sloop le *Hareng*, frété par Gween and Gween de Carlisle ?...

Il y avait un point pourtant sur lequel l'Éléphant et son cornac ne pouvaient point s'accorder. L'Éléphant voulait parfois savoir où devait aboutir son travail.

— Tonnerre du ciel ! répondait alors Paddy avec conviction ; — ce que nous trouverons fera ta fortune et la mienne, pesant coquin, — que diable ! — mon véritable ami... Tu auras, — ou que Dieu nous damne tous les deux ! — une maison à trois étages dans Lambeth, et toutes les porteuses à la mer, scélérat stupide, mon camarade bien-aimé, te feront la cour, aussi vrai que tu auras pour mille livres de gin dans ta cave, — et pour mille livres de porter, Saunder, — et pour mille livres de wisky, — et pour mille livres... que Satan te berce, mille misères !

Ceci était souverainement concluant. L'Éléphant se pourléchait à l'idée de toutes ces mille livres liquides, et les faces basanées des porteuses à la mer, rendues plus séduisantes par quelques mois de solitude, souriaient en dansant une gigue autour de ses gros yeux alanguis.

— Eh bien !... eh bien !... grondait-il ; — monsieur Paddy... nous boirons ensemble

— Sans doute, épais butor, sans doute, mon digne ami. Nous boirons ensemble... ou tu boiras tout seul..... Allons! à la besogne, mon fils, que l'enfer te brûle!

Et Saunder enfonçait son outil en terre avec une ardeur nouvelle.

Il ne faudrait pas croire, du reste, qu'il travaillât outre mesure. On ne le pressait point et c'était sagement fait, car toute l'éloquence de Paddy se serait brisée contre son apathique paresse. Il avait ses heures de travail et ses heures de repos, et peu d'ouvriers auraient pu se vanter d'être aussi bien traités que lui sous ce rapport. — En somme, il ne travaillait guère que huit heures par jour.

Il dormait seize heures.

Ceci nous explique comment Paddy pouvait

vaquer à d'autres occupations et trouver le temps encore de faire un doigt de cour à mistress Burnett des *Armes de la Couronne.*

Saunder dormait ordinairement huit heures de suite, après quoi, il travaillait sans se faire prier pendant quatre heures. C'était une habitude prise. Désormais, le géant était réglé comme une pendule. La tâche finie, il recommençait son somme, ou bien il fumait et buvait.

A coup sûr, cette vie n'était point aussi laborieuse que celle qu'il menait jadis au cirque d'Astley, et pourtant, à la longue, elle lui fut fatale. Ce repos presque constant, interrompu par un travail qui exerçait et fatiguait seulement certains muscles, vint en aide à l'action meurtrière de l'atmosphère humide et viciée du souterain. L'abus excessif que Saunder faisait des liqueurs fortes contribua pour sa part à miner lentement son athlétique constitution. Bref, huit mois après l'ouverture de la tranchée, le géant, suivant l'expression du capitaine Paddy, *ne battait plus que d'une aile*. Un autre que lui n'aurait certes point résisté si long-temps à son terrible régime.

Saunder avait en hauteur un pied de plus que le capitaine. En largeur, on eût taillé dans sa corpulence quatre Paddy pour le moins. Il portait sur son torse massif une assez bonne figure, dépourvue de tous intelligens instincts, mais exprimant une tranquillité d'âme aussi complète que possible. Il est à croire que, à part le gin et les porteuses à la mer, délices promises comme récompense de ses efforts, il y avait en lui un troisième élément de patience : c'était le légitime espoir d'acquérir le droit, sa tâche une fois finie, de dormir vingt-quatre heures par jour, pour peu que l'idée lui en prît.

Le travail avançait cependant, non pas rapidement, mais toujours, et personne dans Londres n'avait eu vent de cette entreprise extraordinaire. Le succès ne paraissait point douteux. Encore quelques tonnes de terre enlevées, et un large chemin s'ouvrait du coin de Prince's-Street aux caves de la Banque.

C'était un vaste boyau de forme semi-cylindrique, étançonné à courts intervalles par des cercles de fer, et percé en certains endroits à plus de quarante pieds au dessous du pavé de la rue. Le calcul des lords de la Nuit avait été juste. Malgré sa paresse, l'*Éléphant* avait accompli ce que six hommes n'auraient point pu faire ; — et quelle difficulté de tenir six hommes enfermés durant neuf mois !

Le jour où Paddy O'Chrane introduisit le cavalier Angelo Bembo dans la galerie souterraine, c'en était presque fait. La boussole avait indiqué l'exacte direction à suivre, et Paddy, en pointant un plan de la Banque intérieure, avait reconnu, depuis une quinzaine de jours environ, la nécessité de faire remonter la galerie.

Il conjecturait que quelques pieds seulement le séparaient des caves.

Bembo traversa la galerie, éclairée très suffisamment par des lampes, avec une extrême surprise. Il ne pouvait croire qu'un homme eût fait tout cela. Tandis qu'il regardait la voûte, nettement arrondie, le capitaine se retourna tout-à-coup.

— Chacun aime, sur mon âme et conscience, dit-il, — ma foi! — à donner aux gens les titres qui leur appartiennent... Êtes-vous simple gentleman, monsieur?

— Qu'importe cela? demanda Bembo.

— Ah! ah! du diable, voyez-vous!... moi,

je suis capitaine, ou que Dieu me confonde, tonnerre du ciel!

— Moi, je ne suis rien du tout, répondit Bembo.

— Ah! ah!... murmura Paddy en touchant son chapeau; — Votre Seigneurie se trahit, Satan me brûle!... Eh bien! le pauvre Saunder verra un lord avant de mourir, le pitoyable drôle, voilà tout.

Paddy se remit en marche, en ajoutant philosophiquement :

— Dieu peut me damner, par Belzébuth et ses cornes! mais il n'y a qu'un lord pour dire : je ne suis rien du tout... Il faudra que je m'habitue, moi aussi... Mais non, mille tonneaux d'aspics et de sorcières!... on me prendrait au mot!

— On n'entend rien, dit Bembo; — sans doute votre homme dort ou se repose?...

— Mon homme! répéta Paddy; — eh! eh! mon homme ne dort pas, sur ma parole la plus sacrée, non!... Mon homme travaille, si on peut dire qu'il soit un homme... Ce n'est pas son heure de dormir, sans cela vous l'entendriez ronfler, sur mon salut éternel!... Il fait plus de bruit en dormant qu'en travaillant... mais, Dieu me damne, milord! — et Dieu me damnera, mille infamies! — vous devez commencer à entendre sa musique.

Bembo prêta l'oreille et saisit les sons graves et sourds d'un râle éloigné.

— C'est sa manière de geindre, reprit le capitaine avec un juron d'élite qu'il ne nous est point permis d'écrire; — il faut croire que ça l'amuse, car il ne cesse pas... Tenez! voilà son lit et sa bouteille.

Paddy montrait un enfoncement pratiqué dans la paroi de la galerie, où se trouvait un véritable et bon lit. Quant à la *bouteille*, c'était une cruche de grès qui pouvait bien contenir six pintes.

Au bout de quelques pas, ils commencèrent à monter une pente assez raide, et bientôt le capitaine, s'arrêtant tout-à-coup, s'effaça contre la muraille.

— Si Votre Seigneurerie, de par l'enfer! veut se donner la peine de regarder, dit-il, elle verra Saunder l'Eléphant, le plus gros coquin qui soit dans les Trois-Royaumes,—et le plus grand aussi, que Dieu nous damne!

Bembo leva les yeux et vit devant lui en effet un massif colosse qui, geignant et soufflant, relevait puis abaissait ses bras en mesure. Il n'avait point entendu le pas des visiteurs et continuait sa besogne sans se douter de leur présence.

La terre qu'il détachait par énormes fragmens, à chaque effort, tombait dans une caisse disposée au devant de lui et, de temps à autre, il vidait la caisse pleine dans une de ces tonnes dont nous avons parlé. A quelques pas derrière lui, sur une table, il y avait une pendule, une boussole, un niveau et quelques instrumens de calcul. C'était la place du capitaine Paddy O'Chrane.

Bembo contempla quelque temps avec une muette surprise cette machine humaine dont tout ce qui l'entourait disait l'extraordinaire puissance. Le géant était à demi nu. La lumière de la dernière lampe tombait d'aplomb sur ses épaules baignées de sueur. On voyait ses muscles saillir et s'effacer tour-à-tour, et les athlétiques proportions de son torse ressortaient, dépassant de si loin la mesure humaine que Bembo croyait rêver. Il attendait avec une sorte de curiosité craintive que le géant se retournât, tant il pensait voir de terrible énergie sur le visage porté par un tel corps.

Paddy jouissait à part soi de l'étonnement de son hôte. Saunder était à lui, et c'était, il faut l'avouer, un animal assez rare pour qu'on pût éprouver en le montrant aux gens un léger mouvement d'orgueil.

— Eh bien, milord?... dit-il enfin avec cette vaniteuse modestie du sportman qu exhibe son meilleur cheval à l'admiration d'un visiteur ; — de par tous les diables, eh bien !... . comment trouvez-vous mon petit Saunder?

— C'est inconcevable ! murmura Bembo ; — sans bruit... sans chocs, il entame le sol...

— Comme si c'était un pudding, damnation ! milord, n'est-ce pas ? interrompit le capitaine. — On chercherait long-temps, je vous le jure sur l'honneur, par le nom de Dieu et le nom du diable, — car il en faut pour tous les goûts, ou que j'aie le cou tordu par une femelle de démon, tempêtes ! — on chercherait long-temps avant de trouver un coquin de sa taille aussi bien stylé... C'est moi qui l'ai dressé, milord.

— Il a l'air bien fatigué ! dit Bembo.

— Voici l'heure où il se repose, milord.

Au moment où Paddy achevait ces mots, la petite pendule se prit à sonner onze heures, — l'Eléphant laissa aussitôt tomber son outil et poussa un long soupir de contentement.

— A la bonne heure, Saunder, à la bonne heure! s'écria Paddy d'un ton paternel; vous savez compter, mon fils... buvez ce verre de gin, triste créature, pardieu! à la santé de Sa Seigneurie.

Saunder se retourna et Bembo faillit jeter un cri de surprise à la vue de la physionomie éteinte, souffrante, débonnaire, que montra le géant. Par derrière, on devait penser que Saunder avait un de ces visages qui font trembler les faibles et arrêtent l'homme le plus résolu ; par devant, on ne trouvait en lui qu'un enfant de taille colossale, perdant par un absolu défaut d'intelligence et de volonté le bénéfice de sa force physique.

A l'aspect de Bembo, il porta la main à son front découvert, comme s'il eût voulu soulever une coiffure absente. En Angleterre, où le chapeau d'un gentleman semble rivé à son crâne, ce geste est plus significatif que partout ailleurs. — En même temps, Saunder se prit à sourire innocemment et baissa les yeux comme aurait pu faire un enfant timide.

— Il est stylé, dit le capitaine avec une laconique emphase ; — stylé et dressé, que Dieu me punisse !... dressé par moi.

Saunder avala d'un trait l'énorme verre de gin que lui présentait Paddy.

Sa figure blafarde et bouffie ne s'anima point. Seulement il murmura en passant la langue sur ses lèvres :

— Bon !... monsieur Paddy, bon !

— Je crois bien, gros ivrogne, mon ami, sac à gin stupide, répliqua doucement le capitaine ; — je crois bien, de par l'enfer !... L'avez-vous assez regardé, milord ?

Bembo fit un geste de pitié que Paddy interpréta comme une affirmation.

— Va te coucher, dit-il, misérable éponge, mon camarade... Dors bien, et, — que le diable t'emporte ! — ne fais pas de mauvais rêves.

Saunder se glissa de son mieux entre Bembo et la muraille. L'instant d'après, il ronflait comme un cyclope.

Paddy attira Bembo vers sa table et versa deux verres de gin.

— Milord, dit-il, vous avez tout vu... Je bois à la santé de Votre Seigneurie, que l'enfer m'attende!... et m'attende long-temps, de par Dieu !

— Cela ne m'apprend pas où en est la besogne, répliqua Bembo.

Paddy prit son air le plus grave et sa parole la plus sentencieuse.

— Tonnerre du ciel! dit-il en montrant un petit papier gras couvert de chiffres assez mal alignés;—pour ce qui est du calcul, que diable! nous autres marins ne sommes pas des manchots... Sur le sloop le *Hareng*, triple ouragan! — par ma foi! — j'ai fait des opérations plus difficiles que cela... Nous sommes sous les caves, milord, à dix pas du magot.

Comme Bembo n'avait nul moyen de vérifier cette assertion, et que le temps pressait, il retourna sur ses pas, suivi du capitaine qui lui fit courtoisement la conduite jusqu'à la rue, et lui souhaita cordialement la damnation éternelle.

M. Smith était déjà parti.

Bembo remonta dans son cab et se fit mener

de toute la vitesse du cheval dans White-Chapel-Road. Arrivé à l'angle d'Osborn-Street, il paya son cocher et descendit pour continuer sa route à pied jusqu'à Bakers-Row.

Arrivé là, il frappa vivement à la porte d'une vaste maison qui s'ouvrit aussitôt. Derrière la porte se tenaient deux hommes, sans armes apparentes, mais dont le vigoureux aspect disait suffisamment que, la porte ouverte, il restait encore une barrière à franchir.

—Qui demandez-vous, gentleman ? dit l'un d'eux.

—Le conseil de la *Famille*, répondit Bembo.

— Qu'êtes-vous ?

— Lord de la Nuit.

—Votre Seigneurie est en retard, dit l'autre portier, ou sentinelle, — en s'écartant pour livrer passage. —Milords sont assemblés depuis une heure.

Bembo monta rapidement un grand escalier bien éclairé et fut bientôt introduit dans ce spacieux salon où lady Jane B..., au sortir de la cave empestée du *purgatoire*, avait échangé les vingt mille livres de son royal protecteur contre le diamant de la couronne.

Autour de la large table, recouverte d'un tapis vert qui occupait le centre du salon, une vingtaine d'hommes étaient assis.

Au milieu de la table, sur un fauteuil plus élevé, ressemblant à peu près à ce trône où s'asseyait dans la chapelle souterraine de Sainte-Marie-de-Crewe le moine à la simarre de soie, siégeait M. le marquis de Rio-Santo.

XXXV

LE CAVALIER ANGELO BEMBO.

Ce n'était pas seulement le trône qui ressemblait au siége du chef des faux moines de Sainte-Marie, il y avait, entre cette grave réunion d'aujourd'hui et l'assemblée des bandits attablés pour une orgie, d'autres points de comparaison.

Frank Perceval, introduit subitement dans ce salon brillamment éclairé, eût sans doute reconnu plus d'une physionomie, et, parmi ces voix, plus d'une l'aurait fait tressaillir.

Il y avait, comme nous l'avons dit, une vingtaine de personnages attablés. C'étaient, presque sans exception, des hommes d'apparence distinguée et possédant ce vernis que donne l'usage du monde aristocratique. Quelques uns avaient, il est vrai, pénétré dans ce monde à l'aide de faux titres et de noms supposés, mais la plupart y possédaient leurs entrées par droit de naissance.

Ils avaient descendu, marche à marche, l'échelle du vice, au bas de laquelle est le crime.

C'étaient, pour le plus grand nombre, des brigands de qualité. — Nous les passerons rapidement en revue, gardant seulement le silence sur leur chef, M. le marquis de Rio-Santo, dont l'histoire ne peut être faite en un chapitre.

A sa droite se tenait le docteur Moore, qu'on regardait généralement comme son confident et son ami. — Après le docteur Moore, que le lecteur connaît fort suffisamment, venait un gentleman de fière tournure et d'apparence militaire, qui parlait haut dans la discussion et prétendait parfois, mais en vain, tenir tête au marquis. C'était sir George Montalt, colonel du régiment de ***, aussi célèbre pour ses nobles façons et la fastueuse générosité de son hospitalité que pour ses dettes innombrables. Sir George avait mangé, fort galamment du reste, une fortune d'un demi-million de livres, et ne possédait plus que ses biens substitués, ce qui ne l'empêchait point de jeter l'or par les fenêtres avec une profusion tout à fait chevaleresque. A cette profusion il fallait un aliment;— sir George s'était fait voleur après avoir été dupe.

Ceci est une bien vieille histoire.

Après lui venait le banquier Fauntlevy, qui devait occuper Londres entier peu de mois après et rassembler autour de son échafaud les plus belles fleurs de nos salons fashionables. Fauntlevy était l'ami intime de l'un des frères du roi ; il avait la confiance de tout le West-End et la méritait, car il ne fit pas perdre un farthing à sa noble clientèle. Le commerce seul eut à se plaindre de lui et l'on n'avait rien à craindre de cet étrange et brillant larron dès qu'on portait un nom inscrit au *Peerage* ou même au *Baronetage* du Royaume-Uni.

C'était un beau jeune homme à la blonde chevelure, au sourire féminin, à la taille élégamment serrée dans un frac noir d'une coupe incomparable. Il était aussi fastueux que sir George, et sa maison de Pimlico faisait honte au palais de Saint-James.

Le dossier de son procès contenait quatorze mille faux. — Le frère du roi sollicita sa grâce et vint le visiter dans sa prison. Mais quatorze mille faux ! Le ravissant banquier fut pendu.

Vous rencontreriez dans Londres, lecteur, plus d'une lady de trente et quelques années qui porte, en un petit médaillon, comme une relique sainte, une mèche de cheveux blonds, disposée de façon à figurer la date : 29 mai 183.. Ce sont des cheveux du beau Fauntlevy.

Au delà du banquier fashionable s'asseyait un personnage carré, puissamment barbouillé de tabac et respirant à pleine bouche l'odeur subtile et brûlante du rhum des Antilles. Ce personnage, à part la faiblesse qu'il avait de s'approprier le bien d'autrui, était un très saint homme. On parlait de lui depuis quelques mois pour être promu au bénéfice vacant de feu le doyen de Westminster, et, soit dit avec tout plein de respect pour le clergé protestant d'Angleterre, il n'y avait pas beaucoup moins de droits qu'un autre. — Ce révérend avait nom Peter Boddlesie. Il ne possédait alors qu'un mince bénéfice de deux cents livres, et ses supérieurs, avec lesquels il frayait, touchaient par mois des milliers de guinées.

Il fallait bien que le révérend Boddlesie trouvât moyen d'allonger honnêtement sa prébende.

Le clergé est ainsi constitué chez nous. Aux uns des millions, aux autres la famine. — Il y a des gens qui ont grand appétit et attendent, pour devenir des saints, un bénéfice convenable.

Le révérend Peter Boddlesie était un des membres les plus utiles de la *Famille :* nous n'avons pas besoin de dire comment.

Notre noblesse est comme notre clergé. — Après le révérend, nous trouvons un Honorable, John Peaton, fils cadet du marquis de ***. Ici encore, tout aux uns, rien aux autres.

John Peaton était un grand jeune homme dont les traits maladifs et fatigués n'exprimaient rien, sinon cette stupide apathie que la débauche et l'ivresse mettent si souvent sur le visage de nos jeunes lords. Il faisait sa partie à l'occasion, lorsque la *Famille* avait besoin d'un nobleman pour jouer quelque bout de rôle dans une intrigue; mais c'était un assez triste acteur. — En revanche, il étrillait un cheval mieux que pas un palefrenier, et pouvait avaler vingt-quatre douzaines d'huîtres de suite, pourvu qu'il les accompagnât de six flacons de porto.

Autant l'Honorable John était inutile, autant son voisin se trouvait être indispensable à la société. Ce voisin, homme de quarante ans, regardant les gens de côté, à la dérobée, et doué, depuis le menton jusqu'au sinciput, de la physionomie d'un *observateur*, n'était rien moins que S. Boyne, esq., surintendant du metropolitan-police. Grâce à lui et à l'un des sous-commissaires de la Cité, qui siégeait un peu plus bas, la *Famille* vivait en paix ou à peu près avec la police. Mais cette paix-là lui coûtait fort cher.

S. Boyne, esq., était peut-être le seul lord de la Nuit qui pût soutenir sans danger un avis contraire à celui de Rio-Santo. C'était une puissance dans le conseil, bien qu'il fût homme de peu en définitive. Néanmoins, son opposition ne dépassait jamais certaines bornes, parce que S. Boyne, esq., avait de bonnes raisons pour être persuadé que Rio-Santo, — M. Edward, — avait en haut lieu des habitudes telles que, d'un mot, il eût pu mettre S. Boyne, esq., sur le pavé.

Or, S. Boyne, esq., se rendait justice. Il

savait que, le jour où il perdrait ses fonctions de police, toute son influence disparaîtrait.

Assis à côté du magistrat, se prélassait un lord...

Un lord ? — Mon Dieu, oui. Un véritable lord, portant couronne de vicomte au dessus de son écusson normand, un noble lord, pouvant faire remonter ses preuves au delà de la conquête, le petit-fils d'un compagnon de Guillaume, le chef d'une famille dont la devise dit : CRAIGNEZ HONTE, tout comme celle des ducs de Portland.

Que voulez-vous ! voilà ce qui arrive. On a un nom chevaleresque et une magnifique fortune, mais on a l'esprit faible, sinon vicieux *a priori*. On regarde autour de soi ; on ne voit, aussi loin que peut se porter la vue, que lords plongés jusqu'au cou dans une orgie sans fin, stupide, insensée, abrutissante. — On est lord : on a le droit de faire comme les lords. — On se jette à corps perdu dans leur vie, vie de duels, de dettes, de rapts, coupée par quelques séances de représentations gravement hypocrites.

L'or coule à flots, puis l'or s'épuise et manque.

Que faire ?

Caton mourrait. D'autres s'arrêteraient et demanderaient au travail l'expiation d'une vie de folie. — Eh bien ! quelques uns meurent, non pas comme Caton, mais comme Clarence, noyé dans une tonne de Malvoisie. Quelques uns se suicident, non par pudeur, mais par fatigue et lâcheté. — Les autres cherchent dans la politique une veine à exploiter, un marché à faire. Ils se vendent, bien ou mal, suivant qu'il leur reste un lambeau plus ou moins écorné de ce fier manteau de considération et d'honneur où s'enveloppaient leurs pères.

Et, quand ils ne peuvent pas se vendre, ce qui se rencontre, car on n'a pas toujours besoin à la Chambre haute d'un soudoyé de plus, ils cherchent...

On en a vu, et combien, hélas! vivre du jeu

qui les avait ruinés, du sport qui les avait réduits à la mendicité.

Nobles bóhémiens, ils s'en vont par le monde pêchant avec le propre hameçon qui les a pris jadis.

Lord Rupert Bel..., vicomte Clé..., n'avait pas pu se vendre.

A sa gauche, un gentleman rose et propre, portant sur un nez mince et blanc de belles lunettes d'or, touchait à peine son fauteuil et se dressait dans toute la rigide tenue de l'étiquette britannique. Ce gentleman était le personnage important de la séance, parce que sa qualité de sous-caissier central de la Banque le mettait à même de fournir tous les renseignemens nécessaires pour le grand acte de spoliation que méditait la *Famille*. Il s'appelait William Marlew et ne donnait ses bonnes grâces qu'à ceux qui l'appelaient sir William.

Après lui venaient plusieurs employés du gouvernement et un juge.

De l'autre côté de la table se trouvait la partie véritablement militante du conseil de la *Famille*. Ceux que nous venons de nommer, à l'exception du docteur Moore, payaient plutôt de leur position que de leurs actes, les autres étaient de véritables bandits, agissant, combinant, et servant de tête aux cent mille bras de l'association.

Là nous retrouvons le pauvre aveugle, sir

Edmund Makensie, M. Smith, dépouillé de son garde-vue vert et de son air cafard, qui n'eût point cadré avec son titre belliqueux de major Borougham ; sir Paulus Waterfield, le docteur Müller, dans la personne duquel nos lecteurs eussent reconnu le bijoutier Falskstone, et deux ou trois autres, audacieux et intelligens coquins qui, comme M. Jédediah Smith et le docteur Müller, venaient en droite ligne de Botany-Bay.

Chacun, dans cette étrange assemblée, discutait gravement et avec une convenance qui eût fait grande honte à nos réunions parlementaires.

Lorsque Bembo fut introduit dans la salle, la

parole était à William Marlew, sous-caissier central de la Banque.

— J'affirme, déclamait-t-il avec une affectation de gravité pédantesque, — et, si j'ose le dire, je prétends que le moment est fort judicieusement choisi pour opérer la soustraction dont est cas... Je crois être, par ma position, à même parler sur ce point avec une certaine autorité... je dirai même avec quelque consistance...

— Ecoutez ! écoutez ! murmura lord Rupert qui bâilla, se croyant à la Chambre haute.

— Je remercie le noble lord de sa bienveillante interruption, poursuivit le bureaucrate, et je maintiens... Bien plus ! j'avance que les caves de notre administration n'ont jamais contenu autant de matières d'or, monnayées ou non...

Un murmure approbateur courut par l'assemblée, ce qui porta lord Rupert à répéter :

— Ecoutez ! écoutez !

— Je remercie sincèrement Sa Seigneurie de son encouragement obligeant, et je dis... messieurs ce sont des chiffres !... la Banque n'a pas moins de vinq-cinq millions sterling en caves.

Comme si l'énoncé de cette somme monstrueuse (six cent vingt-cinq millions de francs) eût eu le pouvoir de percer les murailles pour arriver jusqu'à la tourbe impure qui croupissait non loin de là dans le Purgagoire, le tuyau acoustique se prit à vomir un sourd et frémissant murmure, auquel se joignit le murmure avide de l'assemblée.

— Vingt-cinq millions sterling ! répéta l'aveugle Tyrrel dont les yeux scintillèrent.

— C'est un beau denier, dit S. Boyne, esq., en se frottant les mains.

— Bien employée, ajouta le banquier Fauntlevy, cette somme pourrait doubler en six mois dans le commerce.

— Et quelle sera la part de chacun de nous ? demanda d'un air tout content le révérend Boddlesie, futur doyen de Westminster.

— C'est une question d'arithmétique, monsieur, répondit le caissier ; — une simple division...

— Sir William, interrompit Rio-Santo, — veuillez nous dire quelle est la somme, en billets au porteur, que peuvent contenir les coffres de la Banque.

— Ceci me semble sans intérêt, milord, attendu que les billets ne représenteront plus bientôt que des valeurs absentes... Néanmoins, pour satisfaire Votre Seigneurie, je répondrai... permettez...

Marlew compta sur ses doigts et reprit :

— Les coffres et portefeuilles peuvent contenir, en billets dont je ne donnerais pas six pence, le double des valeurs en caves.

— C'est bien, monsieur, dit Rio-Santo.

Bembo venait de s'approcher de lui pour lui faire son rapport.

— Milords, reprit presque aussitôt le marquis, votre juste impatience va être enfin satisfaite... dans la nuit d'après-demain, nous serons introduits à la Banque.

La gravité de l'assemblée ne put tenir à cette bienheureuse annonce, et un joyeux hurrah fit retentir les lambris de la salle. Dans ce concert de clameurs triomphantes, on put distinguer le fausset aigrelet de l'homme de police, S. Boyne, esq., et la basse chantante de l'homme d'église, le révérend Boddlesie, lequel lança son chapeau en l'air et le rattrapa fort adroitement.

Les gens du Purgatoire entendirent sans doute ces acclamations, car le tuyau acoustique jeta dans la salle, en guise de réponse, un cri amer et railleur.

— Il est quelques mesures à prendre, continua Rio-Santo, pour lesquelles, je pense, le conseil me donnera plein pouvoir...

— Assurément ! assurément ! répondit-on de toutes parts.

Il n'y eut que lord Rupert qui fit une variante à cette réplique en disant :

— Écoutez! écoutez!

— Sir William aura la bonté de se rendre sur les lieux, poursuivit encore Rio-Santo, pour pointer le plan des caves et donner à nos hommes toutes les indications nécessaires... car il faut de la célérité autant que de la prudence... Sir William indiquera en outre les dépôts de bank-notes, bien qu'il semble dédaigner ce butin...

— Une fois la Banque ruinée... commença le caissier.

— C'est juste, monsieur, — mais vous ferez ce que je vous demande. — Quant aux mesures de précaution, cela regarde messieurs de la police; nous pouvons nous reposer sur leur zèle. Je me réserve d'ailleurs de mettre sur pied le ban et l'arrière-ban de la *Famille* pour faire émeute au besoin sur différens points et occuper la force armée... Ne vous étonnez donc point, milords, si tous nos hommes sont convoqués à la fois.

Le docteur Moore, qui n'avait pas encore prononcé une seule parole, jeta sur le marquis un regard perçant et furtif; ces derniers mots lui semblèrent couvrir un dessein secret. — L'aveugle et lui échangèrent un imperceptible signe d'intelligence.

Du moins, un observateur l'eût pensé ainsi; mais, en définitive, nous craindrions d'abuser de la confiance du lecteur en lui affirmant trop positivement que la qualité de lord de la Nuit donne aux aveugles la faculté de converser par signes.

Quoi qu'il en soit, si Moore et Tyrrel soupçonnaient que M. le marquis de Rio-Santo gardait pour lui-même une bonne partie de sa pensée, ils ne se trompaient nullement. Le pillage de la Banque n'était qu'un accessoire de son grand projet, un détail de son plan. Ces billets au porteur, dont le rose et blond caissier faisait fi, acquéraient pour Rio-Santo une valeur sans prix, par cette circonstance que, entre ses mains, ils devenaient une arme et déterminaient tout d'un coup la banqueroute du premier établissement financier de l'Angleterre, la ruine de l'un des plus solides appuis du gouvernement.

Dans son projet, il ne s'agissait pas seulement d'enlever à la Banque son fonds de garantie, il fallait l'obliger à proclamer la perte de ce fonds, à suspendre ses paiemens, à reconnaître enfin que toutes les bank-notes répandues à profusion sur tous les points des Trois-Royaumes n'étaient plus que de vains chiffons.

Quant à la réunion de tous les hommes de la *Famille*, c'était une autre affaire. Il s'agissait d'une émeute en effet, mais ce n'était pas tout à fait pour protéger l'enlèvement de l'or de la Banque. L'émeute devait porter plus haut et avoir un autre résultat.

Les lords de la Nuit se séparèrent, et eurent cette nuit-là, sans doute, de bien beaux rêves de fortune. Sir George Montalt et John Peaton se virent à la tête des plus belles meutes du royaume ; lord Rupert fit courir à Epsom, comme dans son bon temps, et joua le whist à cent guinées la fiche; S. Boyne, esq, se fit meubler un somptueux hôtel dans le Strand et donna un cachemire d'un certain prix à mistress Boyne; Fauntlevy mit sous ses pieds la maison Rottschild et prêta un million sans intérêt à S. A. R. le duc de..., frère du roi; enfin, le révérend Boddlesie, évêque de Londres, s'assit au parlement et y ronfla ministériellement, comme c'est le droit et le devoir de tout pair ecclésiastique...

Moore regagna sa maison de Wimpole-Street. Durant toute cette journée, il ne s'était point occupé de Clary Mac-Farlane; cette nuit encore, il l'oublia pour se creuser la cervelle et tâcher de voir clair dans les projets de Rio-Santo. Pendant ces vingt-quatre heures, la pauvre Clary, dont on avait changé le régime, n'eut à souffrir que de sa solitude, de ses craintes et de ses regrets. Rowley avait reçu l'ordre de lui donner de la nourriture, afin qu'elle pût supporter mieux le choc galvanique auquel le docteur voulait la soumettre. Ce fut un répit, — un sursis entre ses tortures et le dernier acte de son martyre.

Le marquis de Rio-Santo remonta dans son équipage avec le cavalier Angelo Bembo. Il était si puissamment préoccupé qu'il n'avait même pas songé à s'informer auprès du docteur Moore de l'état présent de Mary Trevor.

Pendant toute la route, il garda le silence, murmurant seulement de temps à autre quelques paroles décousues, où l'on n'eût pu saisir que des lambeaux de sa pensée.

Au moment où sa voiture s'arrêtait dans Belgrave-Square, il prit la main de Bembo et la serra fortement.

— Ange, dit-il, l'heure approche. J'aurai besoin de vous tout entier... S'il est au monde quelqu'un que vous aimiez, pensez à lui cette nuit et demain ; car après ce terme vous êtes à moi, Ange, n'est-ce pas?

— Je suis à vous, don José, répondit Bembo, tout à vous !

Puis, quand Rio-Santo l'eut quitté pour se retirer dans son appartement, Bembo, resté seul, répéta lentement et avec mélancolie :

— S'il est au monde quelqu'un que vous aimiez... Pauvre fille !

Au lieu de monter à sa chambre, il se glissa doucement le long du corridor sur lequel s'ouvrait la chambre d'Angus Mac-Faranle, et vint s'accouder à l'appui de la fenêtre basse, située vis-à-vis du *lord's-corner*.

Anna était toujours dans la chambre où nous l'avons vue, toujours aussi dans cette bergère qui lui servait de lit. — Mais elle était bien pâle et bien changée. Ses yeux rougis avaient dû beaucoup pleurer. Jusque dans le sommeil qui l'avait surprise, elle gardait une attitude douloureuse et comme épouvantée.

La lumière d'une bougie éclairait doucement son visage où passaient, visibles comme en un miroir, les enfantines appréhensions de ses rêves. — Bembo la contempla longtemps en silence.

— S'il est au monde quelqu'un que j'aime... murmura-t-il enfin. Oh! oui... c'est un amour d'hier, qu'il faudra oublier demain... un amour sans passé comme sans avenir... Mais je l'aime... je l'aime comme je n'ai point aimé encore et comme je n'aimerai plus.

C'était une de ces rares nuits où l'hiver de Londres revêt le manteau de frimas des con-

trées polaires. Le givre scintillait aux branches étiolées des arbres qui masquaient les derrières d'Irish-House, et renvoyait, colorés bizarrement en d'innombrables nuances, les rayons assombris de la lune à son couchant.
— La rue était déserte sous la fenêtre. On entendait seulement au loin dans Grosvenor-Place le roulement étouffé de quelque voiture attardée.

— Je n'ai que cette nuit, reprit Bembo, et cette nuit est déjà bien avancé... Pauvre douce enfant ! je n'aurai pas même le temps de jouir du bonheur qu'aura sa mère à la revoir...

Une demi-heure après, la petite porte par où le prince Dimitri Tolstoï avait été introduit dans Irish-House s'ouvrit sans bruit, et le cavalier Bembo traversa doucement la rue. — C'était à ce moment où Londres entier dort, où les voitures elles-mêmes cessent de tourmenter le pavé. Aucun son ne troublait le silence absolu de la nuit. — Bembo mesura de l'œil la distance qui le séparait de la fenêtre où brûlait la bougie d'Anna, et tâcha de lancer sur le balcon une échelle de soie, relique d'une aventureuse et insouciante jeunesse, qu'il avait apportée.

Il n'y put point réussir.

Heureusement il était agile et homme d'expédiens. Son poignard fiché entre les briques lui servit de marchepied, et, moitié à l'aide de cet appui, moitié par le secours des saillies, il parvint à mettre sa main sur le balcon.

Les preux des anciens jours ne s'y prenaient pas autrement pour escalader les citadelles.

Une fois sur le balcon, il attacha solidement son échelle de soie aux barres de fer; car, après être monté, il s'agissait de redescendre, et de redescendre deux.

Anna Mac-Farlane s'éveilla en sursaut. Le poing de Bembo, enveloppé d'un mouchoir, venait de briser l'un des carreaux de la croisée. L'instant d'après, l'espagnolette, luxe rare à Londres, jouait en grinçant, et Bembo sautait dans la chambre.

L'air frais du dehors fit irruption à l'intérieur en même temps que Bembo, et la flamme de la bougie, vivement soufflée, se pencha, n'éclairant plus que vaguement les objets. Anna, qui avait fait d'abord un mouvement pour s'enfuir, s'élança en poussant un cri de joie et vint tomber entre les bras de Bembo étonné.

— Stephen! oh! mon cher Stephen! s'écria-t-elle, — Dieu vous envoie enfin à mon secours!

Un douloureux frisson courut par tous les membres de Bembo. Il se sentit presque défaillir à ce mot qui brisait d'un seul coup des espérances déjà bien chères.

— J'ai tant prié! reprit Anna d'une voix qui allait jusqu'au fond du cœur de Bembo;

— j'ai tant prié, mon Stephen!... Dieu m'a exaucée... Je savais bien, allez, que mon salut me viendrait de vous.

La flamme de la bougie se redressa en un moment de calme. Anna découvrit son erreur, qui prenait sa source, non pas tant dans la ressemblance des deux jeunes gens que dans sa préoccupation, à elle, qui avait constamment Stephen pour objet. Elle se dégagea, effrayée, et se réfugia en courant à l'autre bout de la chambre. Là, elle se tapit, collée à l'angle du lambris.

Bembo ne la suivit point. Plus il la voyait belle et virginale et charmante dans son naïf effroi, plus son cœur se serrait.

—Stephen ! murmura-t-il en lui-même ;— où donc est ce Stephen qu'elle aime et qui l'abandonne aux mains des ravisseurs?... Oh! fou que je suis ! voilà que je hais cet homme maintenant... Ne devais-je pas m'attendre à cela?... Elle est si belle!...

Il s'arrêta et acheva en un long soupir de regret :

— Mon Dieu ! que je l'aurais aimée !

Anna, cependant, la pauvre enfant, s'effrayait de plus en plus à voir cet étranger immobile, qui la contemplait sans trêve et avait sur son visage une expression qu'elle ne savait point définir. Elle trembla d'abord un peu, puis bien fort ; puis de grosses larmes vinrent à ses yeux ; puis encore des sanglots éclatèrent, tandis qu'elle tombait, terrifiée, sur ses deux genoux, en disant :

— Je vous en prie !... je vous en prie, ayez pitié de moi !

Bembo tressaillit à cet appel qui vint changer le caractère de son émotion. Il eut pitié en effet, il eut cette douce et tendre pitié qui est l'un des déguisemens de l'amour, et qui peut mettre par surprise, des larmes dans les yeux d'un homme.

— Je la rendrai à son Stephen, pensa-t-il en sentant son cœur s'amollir jusqu'à la faiblesse ; — je lui dirai de la faire bien heureuse... L'aimera-t-il comme je l'aime ?

Ce n'était pas une réponse. Anna joignit ses petites mains avec désespoir et chancela.

Bembo se précipita vers elle.

— Ne craignez rien, dit-il si doucement qu'Anna se sentit presque ravivée; ne craignez rien de moi, madame; ma présence ne doit point vous causer de frayeur.

Il lui prit la main et la releva en ajoutant avec tristesse :

— Entre nous deux, ce n'est pas vous qui avez sujet de craindre ou d'implorer.

Anna ne comprit point, mais elle se rassurait peu à peu à l'aspect de cette physionomie noble et franche, qu'elle n'avait vue jusqu'alors en quelque sorte qu'au travers du trouble de sa première épouvante.

— Comment êtes-vous ici, monsieur? demanda-t-elle pourtant avec un reste de défiance.

Bembo l'avait presque oublié. Cette question le rendit tout-à-coup au sentiment de la réalité. Il mesura les obstacles qui lui restaient à vaincre ; il se souvint du lieu où il était. Les valets du lord, éveillés par hasard, n'auraient point de peine à s'opposer à sa sortie. Le moindre bruit, la moindre résistance de la pauvre recluse, pouvait refermer sur elle les portes du *lord's-corner.*

Oh! que Bembo eût trouvé bientôt un expédient sans ce malheureux nom de Stephen, jeté comme un voile pesant et froid sur ses ardens espoirs de tout à l'heure! — Mais la tristesse conseille mal. L'imagination replie ses ailes à son contact glacé. — Bembo garda durant une minute un silence plein d'embarras.

Cependant il fallait agir. Le front d'Anna se rembrunissait de nouveau et son regard disait éloquemment le retour de son inquiétude.

— Madame, dit enfin Bembo, je suis ici pour vous sauver.

Et, surmontant avec effort une instinctive répugnance, il ajouta, en tâchant de sourire :

— Ne devinez-vous pas?... je viens de sa part.

—De sa part! s'écria miss Mac-Farlane dont le visage exprima tout-à-coup une confiance sans bornes.

— De la part de Stephen, dit tout bas le cavalier Bembo.

Anna sauta joie. Elle riait et pleurait en même temps. Bembo détourna la tête; elle ne s'en aperçut point.

— Vous venez me chercher, disait-elle; — je vais le revoir.. revoir Clary... tout ce que j'aime... Merci! Oh! vous aussi, je vous aimerai!

Bembo souffrait cruellement; mais il eut la force d'employer jusqu'au bout son généreux stratagème.

— Venez! murmura-t-il; — Stephen vous attend.

Il souleva dans ses bras la jeune fille, qui n'opposa point de résistance, et commença à descendre l'échelle de soie avec précaution.

Bembo tournait le dos à Irish-House qu'Anna regardait au contraire.

La descente se faisait bien lentement, car l'échelle oscillait à chaque mouvement. A moitié chemin de la fenêtre au sol, Bembo crut entendre derrière lui, dans la maison de M. le marquis de Rio-Santo, le bruit d'une fenêtre qui s'ouvrait.

Il continua de descendre.

Quelques marches plus bas, il sentit Anna frémir entre ses bras.

— Voyez... voyez! dit-elle avec effroi; — un fantôme qui glisse parmi les branches de ces arbres...

Bembo essaya, mais en vain, de se retourner. — Anna regardait toujours le fantôme, qui descendait, lui aussi, le long de l'un des troncs d'arbres plantés derrière Irish-House. Arrivé au niveau du mur de la cour, il s'y cramponna et demeura un instant comme indécis.

C'était un homme demi-nu, dont on apercevait les membres étiques et la poitrine velue, aux obliques rayons de la lune.

Anna se mourait de peur.

Enfin Bembo mit le pied sur le dernier degré de l'échelle. — A ce même instant on entendit la chute d'un corps sur le pavé. C'était le fantôme qui venait de sauter dans la rue.

En sorte que nos deux fugitifs et cet homme touchèrent en même temps le sol et se trouvèrent en présence.

Bembo hésita.—L'homme s'appuya, épuisé, au mur qu'il venait de franchir, et une voix chevrotante s'éleva dans le silence de la nuit. Cette voix chantait :

Le laird de K   an
Avait deux

Jamais n'en vit amant
D'aussi gentilles
Dans Glen-Girvan.

— Mon père ! s'écria Anna en se dégageant des bras de Bembo pour s'élancer vers le chanteur, — c'est la voix de mon père !

Angus, — c'était bien lui, — fit un pas vers sa fille dont il avait reconnu la voix ; mais, presque aussitôt, saisi d'une mystérieuse horreur, il se recula, chancelant.

— Toujours les ombres de celles qui sont mortes ! murmura-t-il avec détresse.

— Mon père ! mon bon père ! dit encore Anna.

— Laissez ! laissez ! s'écria Angus ; — je les ai vues...

Et comme Anna voulait mettre ses bras autour de son cou, il la jeta violemment sur le pavé et s'enfuit en criant :

— Toutes deux !... toutes deux !

Bembo le perdit de vue au détour de Belgrave-Lane. Il reprit dans ses bras Anna évanouie et l'emporta.

Le lendemain, M. le marquis de Rio-Santo trouva vide le lit du laird. Il ne put confier à personne ses inquiétudes, car, de toute cette journée, le cavalier Angelo Bembo ne se montra point à Irish-House.

XXXVI

ANGE GARDIEN.

Bien qu'Aristote n'ait point pris la peine de tracer des règles pour le roman, et qu'Horace ait jugé à propos de garder le silence à ce même sujet, nous avons tâché, dans notre profonde vénération pour les autorités classiques, de nous rapprocher autant que possible de ces belles règles d'unité qu'ils ont posées comme étant la condition nécessaire de tout drame. Jusqu'ici, nos personnages n'ont point perdu de vue le dôme majestueux de Saint-Paul de Londres; jusqu'ici, notre histoire a tourné dans le cycle étroit d'une semaine.

Mais le moment arrive où il nous faudra franchir tout-à-coup le temps et l'espace, où nous serons forcés de mettre des mois entre les scènes de notre drame, et où notre action prendra la poste pour élire domicile dans les sauvages bruyères de l'Écosse du sud. — Ceci est, à coup sûr, un grand malheur, et personne ne pourra nous blâmer d'en exprimer d'avance nos vifs et bien sincères regrets.

En attendant, nous avons repris un à un tous nos personnages mis à l'écart dans la deuxième partie de ce récit, où l'attention du lecteur est presque exclusivement portée sur Susannah et Brian de Lancester ; nous avons suivi chacun d'eux dans leurs efforts bons ou méchans, dans leurs sentimens, dans leurs aventures, et le cours naturel de ces divers récits, convergeant au même but, nous ramène à cette journée où Brian de Lancester creva Ruby, son beau cheval, et affronta le feu des horse-guards pour apporter une fleur aux pieds de Susannah.

Ce fut la veille de ce jour, en effet, que M. le marquis de Rio-Santo fut mis en danger de mort par l'étreinte furieuse de Mac-Farlane ; ce fut le matin même, vers trois heures après minuit, que le cavalier Bembo enleva la plus jeune fille du laird à sa prison du *coin-du-lord.*

C'était par conséquent le soir de ce même jour que Frank Perceval devait se rendre devant Saint-Jame's-Theatre, au rendez-vous fixé par la comtesse Ophélie.

Mais il se passa bien des choses entre la réception de cette lettre et l'heure du rendez-vous, où M. le marquis de Rio-Santo devait attendre en vain son partner...

Il y avait un lien secret, un lien étroit entre le docteur Moore et l'aveugle Tyrrel. Ce dernier avait reçu du docteur un de ces bienfaits qui ne se paient point, et lui en gardait une sorte de reconnaissance. Leur intérêt, d'ailleurs, les rapprochait énergiquement : ils voulaient partager la succession du marquis de Rio-Santo. Tous deux demeuraient dans Wimpole-Street : Tyrrel, au numéro 9; Moore, au numéro 10, leurs maisons se touchaient (1).

Leurs maisons, en outre, communiquaient entre elles par un passage habilement masqué, passage dont rien ne pouvait faire soupçonner l'existence, par cela même que Moore et Tyrrel s'en servaient pour leurs relations habituelles, de telle sorte qu'on ne les voyait jamais entrer l'un chez l'autre.

---

(1) A Londres, comme on sait, les numéros se suivent.

Ce fut par cette voie que la maison du numéro 9 fut évacuée tandis que Brian de Lancester allait chercher une escouade de police.

Moore était absent et n'avait point paru chez lui de toute la journée. La maison restait donc à la garde de Rowley, l'aide-empoisonneur, qui fit une débauche de *Toxicological amusements*, et laissa en repos la pauvre Clary Mac-Farlane. On l'avait retirée de sa prison, parce que le docteur avait besoin qu'elle reprît un peu de forces avant de la soumettre à la terrible épreuve du choc galvanique. Elle était couchée, faible encore et souffrante, dans une chambre attenant au cabinet du docteur.

Rowley avait reçu l'ordre exprès de mettre

un terme à son jeûne, mais, nous l'avons dit, Rowley était absorbé dans la lecture attachante de ses chères *Récréations toxicologiques*.

Le passage qui reliait les deux maisons voisines aboutissait, par un court corridor pris sur la chambre-prison, au cabinet même du docteur. Ce fut d'abord là qu'entrèrent les fugitifs du n° 9.

Susannah n'avait point songé à opposer de résistance, parce qu'elle ignorait qu'on la faisait ainsi passer d'une maison dans l'autre.

A peine entré dans le cabinet du docteur, Tyrrel prit à part madame la duchesse douairière de Gèvres et lui dit :

— Allez dans White-Chapel-Road, Maudlin, et prévenez que ma maison est au pouvoir de la police... Quelqu'un pourrait y venir, voyez-vous, et serait pris comme dans une souricière... Moi, j'ai de la besogne ce soir, car il faut que ce fou de Brian ait la bouche fermée avant demain matin.

— C'est une méchante affaire, milord, répondit la petite Française d'un air chagrin. Nous avions là une jolie habitation...

Tyrrel haussa les épaules.

— Demain, nous aurons peut-être un palais, Maudlin, répliqua-t-il ; — et d'ailleurs, qu'y voulez-vous faire?... Allons ! dépêchez!

Madame la duchesse de Gêvres jeta de côté un coup d'œil sur Susannah.

— La laisserons-nous seule ici ? demanda-t-elle.

— Un tour de clé, Maudlin, un tour de clé, dit l'aveugle en se dirigeant précipitamment vers la porte ;—surtout hâtez-vous... Moi, je vais m'occuper de l'amoureux... Vous entendrez parler de cela, madame la duchesse.

La Française s'approcha de Susannah, qui s'était assise à l'écart.

— Mon cher amour, lui dit-elle, vous avez été bien imprudente... mais, à tout péché miséricorde... Je vais travailler pour vous et pour lui, afin qu'il n'arrive point de mal de tout ceci... Adieu ! mon cher amour.

Avant de sortir, elle se ravisa.

—Mais vous n'avez pas mangé de la soirée, chère belle, reprit-elle, et je serai long-temps absente. Je vais vous faire servir à souper.

— Je n'ai pas faim, dit Susannah.

—Mon Dieu! je connais cela, mon amour!.. la peine, le désespoir... on n'a pas faim... mais on mange un blanc de poulet, mon cœur... un blanc ou deux..... et l'on boit un petit verre de vin.

Madame la duchesse de Gêvres, qui semblait être aussi à l'aise chez le docteur Moore que dans sa propre maison, sortit et reparut bientôt, suivie d'un domestique porteur d'un plateau. Ce plateau contenait une collation complète. Le groom le déposa sur une table, puis la petite femme se retira définitivement cette fois en disant :

— Bon appétit, mon cher cœur !

La clé tourna deux fois dans la serrure, en dehors.

Susannah était seule.

Il y avait une demi-heure à peine que Lancester l'avait quitée. Depuis lors les événemens s'étaient succédé avec une telle rapidité, qu'elle n'avait pu voir clair parmi le trouble de son intelligence. Elle restait sous le coup de cette terrible frayeur causée par l'apparition de Tyrrel au moment où elle se croyait déjà libre et heureuse. Elle n'en était pas même encore à se demander ce qui allait arriver, ce que ferait Lancester, ce qu'elle avait à espérer ou à craindre.

Elle avait mis sa tête entre ses mains et tâchait à débrouiller le chaos des tumultueuses pensées qui emplissaient son cerveau. — La première idée qui lui vint fut une crainte poignante. Elle se souvint des menaces que Tyrrel lui avait faites souvent, menaces qui avaient toujours Lancester pour objet. — Comme elle se jugea imprudente et coupable! comme elle regretta cet aveu qui entourait Brian d'ennemis invisibles, puissans, implacables! Ces périls inconnus qu'elle avait accumulés sur Lancester lui semblaient d'autant plus terribles qu'elle ne les pourrait point partager avec lui.

Tandis qu'on l'entourerait d'embûches, elle serait à l'abri, elle!...

Savait-elle seulement si elle devait le revoir!

Susannah était forte de cœur; mais toute sa force l'abandonnait dès qu'il s'agissait de Brian. Son héroïque nature fléchissait alors tout d'un coup. Elle redevenait femme et faible femme.

Au bout de quelques minutes, de grosses larmes roulèrent dans ses yeux.

— Oh! mon Dieu! je l'ai tué! murmura-t-elle avec accablement.

Un faible gémissement se fit entendre derrière elle, comme un écho de sa plainte désespérée. — Susannah n'y prit point garde et tâcha de prier.

Tandis qu'elle priait, les gémissemens redoublèrent. Susannah les entendit et se leva, car, dans son âme noble et toute généreuse, le désespoir lui-même ne pouvait étouffer la pitié. Elle prêta l'oreille attentivement. Les plaintes faiblissaient, puis revenaient plus déchirantes.

Susannah prit la bougie et poussa vivement la porte à laquelle s'adossait son siége. Le lit où gisait Clary défaillante était à dix pas de là.

Clary se tut aussitôt qu'elle vit la lumière. — Peut-être eut-elle peur d'avoir évoqué l'un de ses bourreaux.—Puis, lorsqu'elle aperçut, éclairé en plein par la bougie, l'éblouissant visage de la belle fille, elle se crut encore le jouet d'un rêve et ferma les yeux avec fatigue et découragement.

Elle avait vu, depuis trois jours, tant de visages d'anges, radieux et doux, pencher à son chevet leurs décevans sourires ! elle avait tant de fois joint avec espoir ses mains amaigries et imploré en vain ces fantômes qu'appelait sa fièvre !...

Susannah, cependant, s'était avancée jusqu'au lit et avait abaissé vers la patiente son regard plein de commisération. Mais à peine ce regard eut-il rencontré les traits de Clary, que la physionomie de la belle fille exprima une émotion extraordinaire. Son œil devint humide et tendrement inquiet, comme l'œil d'une mère auprès du berceau de son enfant; son sein se souleva, et un sourire indécis, triste et joyeux à la fois, détendit l'arc harmonieux de sa lèvre.

Puis elle se laissa tomber à genoux sur le tapis, tandis que ses beaux yeux s'élevaient vers le ciel.

Clary ouvrit ses paupières endolories, parce qu'elle venait de sentir un baiser sur sa main. — Le songe continuait : ce fut là sa première pensée; mais qu'il était doux et vraiment céleste cette fois! Les anges de ses rêves passés n'étaient point aussi beaux que cette femme au sourire ami qui semblait être un bon génie d'espérance et de miséricorde.

Clary regardait, charmée, et ne gémissait plus.

— C'est bien vous, murmura enfin Susannah d'une voix contenue, qui frappa les oreilles de Clary comme l'accord voilé d'une musique lointaine ;—c'est bien vous que je cherchais depuis si long-temps !

Un muet étonnement se peignit sur le visage de miss Mac-Farlane.

— Vous ne vous souvenez plus, reprit Susannah ; — le bienfait accordé ne laisse point de traces dans les âmes généreuses... Mais le bienfait reçu!... Oh! je me souviens, moi, et, dès que j'ai su prier, j'ai prié pour vous et pour cet autre ange qui vous ressemble et qui, sans doute, est votre sœur... pour Clary, la noble fille, et pour Anna, la douce enfant.

— Qui donc êtes-vous, madame? demanda Clary.

— Vous ne savez pas mon nom... et vous ne me l'avez pas demandé, Clary, ce jour où votre bras soutint ma taille affaissée sur le trottoir de Cornhill, ce jour où vous secourûtes la pauvre fille inconnue qui se mourait de faim...

— De faim! répéta Clary en pressant douloureusement sa poitrine : —Oh !… moi aussi, je meurs de faim !

Susannah bondit hors de la chambre et revint aussitôt, portant la collation préparée pour elle. Ses yeux mouillés riaient un rire de naïf et gai bonheur.

— Je lui pardonne, à cette femme, tout ce qu'elle a fait contre moi, dit-elle, puisqu'elle m'a donné de quoi vous soulager, Clary.

Elle se remit à genoux sur le tapis et aida la pauvre malade à se soulever. Tandis que cette dernière mangeait avidement, s'interrompant seulement pour pousser de temps à autre un soupir arraché par la faiblesse, la belle fille la soutenait, lui souriait, lui disait de douces paroles et mettait sur ses mains pâles et presque diaphanes de caressans baisers de sœur.

Clary se ranimait, doublement réchauffée par les alimens et les consolantes douceurs de cette tendresse inespérée qui planait tout-à-coup au dessus de son lit de souffrance. Elle se sentait heureuse et reconnaissante; elle revivait.

—Comme elle avait faim, la pauvre enfant! disait Susannah entre deux baisers; — si vous pouviez voir, Clary, les jolies couleurs qui reviennent à vous joues!... Vous voilà belle comme autrefois, maintenant!... Savez-vous que pour vous reconnaître il m'a fallu regarder à deux fois au fond de mon cœur où était votre image... Mais j'avais là gravé chacun de vos traits... ce beau front sérieux et pensif, cet œil si bon qui a souri à ma misère, cette bouche chère qui m'a dit autrefois de consolantes paroles... Vous aviez beau être pâle, Clary, ma chère Clary, quelque chose en moi s'est éveillé à votre approche; j'ai senti mon cœur s'élancer et tressaillir... Je vous aime si bien, ma petite sœur !...

Clary avait les yeux pleins de larmes.

— Merci ! merci ! murmura-t-elle.

Puis, saisie d'un involontaire et soudain effroi, elle ajouta en frissonnant :

— Mais vous ne pourrez toujours rester près de moi, madame, et quand vous ne serez plus là, ils me feront encore mourir de faim.

Susannah se redressa d'instinct, comme si elle eût voulu se mettre entre Clary et un danger subitement reconnu. Pour la première fois, elle eut une vague idée de la position de miss Mac-Farlane, et se demanda pourquoi cette pauvre enfant mourait de faim dans une maison où tout respirait l'opulence.

Elle fit questions sur questions ; Clary essaya de répondre de son mieux ; mais à elles deux, elles n'avaient point ce qu'il fallait pour comprendre le premier mot de ce hideux mystère. Susannah, ignorante et n'ayant que de généreux instincts, Clary, âme pure et noble, devaient nécessairement s'ingénier en vain pour trouver le nœud de cette barbare intrigue.

Ce qui était constant, c'est que Clary avait souffert, cruellement souffert, et que ses terreurs n'étaient que trop justifiées.

— Les misérables ! disait Susannah ; s'attaquer à vous, Clary !... à vous, ange de miséricorde et de douceur !... Mais je vous défendrai, moi ; je suis forte comme un homme !... Qu'ils viennent !...

Elle s'interrompit parce qu'elle avait vu Clary pâlir tout-à-coup et fermer les yeux avec effroi.

Avant qu'elle pût se retourner pour voir quelle était la cause de cette frayeur subite, une voix sèche et mécontente prononça tout auprès d'elle :

—Ta ta ta ta !

Elle tourna vivement la tête, et vit un petit homme chauve au sommet de la tête, mais pourvu sur les tempes de deux énormes touffes de cheveux. Ce petit homme, le nez pris entre les pinces d'une grande paire de lunettes, avait un in-quarto sous le bras. — C'étaient maître Rowley et les *Toxicological amusements*.

Il s'était avancé à pas de loup, suivant sa coutume, et n'avait pas été médiocrement scandalisé en voyant les restes de l'abondant repas de Clary.

—Ta ta ta ta ! répéta-t-il avec une mauvaise humeur croissante ; — de quoi se mêle cette lady, je vous prie ?... La petite fille a mangé

comme un ogre... Nous voilà bien, ma foi?...
Et que dira le patron, s'il vous plaît?.. Je vous
demande ce qu'il dira?

Maître Rowley s'adressait cette question à
lui-même et se tenait à respectueuse distance,
parce qu'il avait entendu les dernières paroles
de Susannah, et qu'il ne se souciait point d'affronter sa colère.

La belle fille s'était placée entre le lit et lui,
les bras croisés sur sa poitrine. Elle le regardait fixement.

— Bien! bien! grommela l'aide-empoisonneur en reculant d'un pas; — je n'ai pas peur
de cette amazone, au moins... Et, après tout,
avec ma préparation, il ne faudrait que trois

secondes, cinq tierces et une fraction pour l'arraisonner comme il convient... C'est égal ; je voudrais l'éloigner d'ici avant l'arrivée du docteur.

Ce vœu du digne Rowley ne devait point être réalisé, car, presque aussitôt après, la porte s'ouvrit brusquement, et le docteur Moore, l'air sombre, les sourcils froncés, entra dans la chambre.

— Que signifie cela, monsieur ? dit-il durement en s'adressant à Rowley.

— Sir Edmund a passé par la petite porte, répliqua tout bas l'aide-empoisonneur, — et il a amené cela... cette lady... avec lui.

— Ce n'est point la place de cette lady, monsieur... Retirez-vous et priez-la de vous suivre.

— Monsieur, je ne sortirai pas, dit Susannah d'une voix basse et calme.

— Ta ta ta ta ! fit Rowley.

Le docteur s'avança jusqu'au lit.

— Madame, dit-il en faisant effort pour refouler sa colère naissante au dedans de lui-même ; — j'ignore et je méprise les puériles formules de ce qu'on nomme la galanterie... Néanmoins, prévoyant un fâcheux dénouement à tout ceci, et voulant l'éviter, je me découvrirai devant vous, madame ; — il mit le chapeau à la main, — je m'inclinerai comme un fat, et j'épuiserai tout mon fond de courtoisie en vous disant : Je vous prie, madame, je vous supplie de vous retirer sur-le-champ.

Pour que le lecteur comprenne tout d'un coup la situation, il suffira de lui apprendre que le docteur quittait à l'instant même le chevet de miss Trevor, et qu'il revenait en toute hâte pour tenter sur Clary la terrible expérience jusque-là retardée.

Susannah tourna la tête vers Clary.

— Oh! ne m'abandonnez pas! dit la pauvre fille, qui crut voir de l'hésitation dans ce mouvement.

— Vous abandonner ! s'écria Susannah en l'entourant de ses bras. Oh ! non, Clary ! Je ne connais point de force qui puisse me séparer de vous.

— Mauvaise tête ! grommela Rowley.

Le docteur laissa échapper une sourde exclamation.

— Madame !... madame !... dit-il d'une voix tremblante ; — vous ne me connaissez pas !.. Et vous ne savez pas quel crime vous avez commis à mes yeux en pénétrant dans cet appartement...

— Je sais qu'on a voulu faire périr cette enfant, répondit Susannah sans s'émouvoir, — et je veux veiller désormais sur elle.

La porte s'ouvrit encore. Cette fois, ce fut Tyrrel l'Aveugle qui entra. Personne ne prit garde à lui. Au lieu de gagner l'intérieur de la chambre, il demeura immobile et froid sur le seuil, tournant sur cette scène, avec une complète indifférence, sa prunelle morne et vitreuse.

Le docteur avait tressailli visiblement à la réponse de Susannah.

— Ah !... vous savez cela, madame ! murmura-t-il avec un menaçant effroi ;—eh bien ! je puis oublier que vous le savez... je puis vous pardonner peut-être de le savoir. Mais sortez !... sur votre vie, sortez !

— Je ne sortirai pas, répéta la belle fille,

dont l'œil serein et brillant d'un calme sublime, soutint sans se baisser le sinistre éclair du regard de Moore ; — et il faudra commencer par me tuer, monsieur, si vous en voulez à la vie de cette enfant.

Le docteur mit ses deux mains dans les vastes poches de son habit ; son visage, pâle d'ordinaire, avait du sang jusqu'au front et était terrible à voir.

— Hors d'ici! dit-il à Rowley avec un éclat de rage ; — cette femme l'a voulu!..

Aucun des muscles du beau visage de Susannah ne se contracta. Seulement, elle éleva ses yeux vers le ciel, parce qu'elle vit bien qu'elle allait mourir.

Mais Tyrrel l'Aveugle s'était décidé enfin à prendre un rôle dans cette scène. Au moment où Moore, affolé par un de ces paroxysmes de fureur qui prennent surtout les hommes comme lui, dont la passion se cache hypocritement sous une enveloppe glacée, à l'instant, disons-nous, où il s'élançait vers Susannah toujours immobile, le bras robuste de Tyrrel l'arrêta court.

Le docteur essaya de se dégager. Ce fut en vain.

— Quoi ! s'écria-t-il enfin, épuisé par cette lutte d'un moment ; — tu oses me faire violence, toi !!

— Mon idée est qu'il ne faut pas tuer cette

femme, docteur, répondit paisiblement Tyrrel.

— Et si je le veux, moi !

— Je tâcherai de vous en empêcher.

— Pourquoi, misérable, pourquoi? rugit le docteur avec toute la naïveté de la rage.

Clary était plus morte que vive.—Susannah, que la colère de Moore n'avait pu faire trembler, attachait maintenant sur Tyrrel un regard inquiet et craintif.

Celui-ci reprit, sans rien perdre de son flegme :

— Docteur, pour plusieurs raisons... D'abord, cette femme est ma fille.

Susannah éprouva un imperceptible choc et devint plus pâle, mais elle ne manifesta point de surprise. — Moore, au contraire, recula étonné.

— Ah ! ah ! miss Suky, poursuivit Tyrrel en la couvrant de ce regard long, perçant et lourd dont la belle fille avait parlé tant de fois à Brian de Lancester ; — ne me reconnaissez-vous pas ?

— Je vous reconnais, monsieur, prononça tout bas Susannah, — et pourtant...

— Pourtant ne signifie rien, miss Suky, avec un savant homme comme M. le docteur... Vous m'avez vu pendre, n'est-ce pas ? Qui sait ?

peut-être me verrez-vous pendre encore... Docteur, ajouta Tyrrel en se tournant vers Moore, dont la colère avait pris le change à cette révélation ; mais qui regardait toujour les deux jeunes filles avec une hésitation de mauvais augure ; — quand je dis : elle est ma fille... vous m'entendez bien ?... Au temps où j'avais nom Ismaïl Spencer, on l'appelait Susannah Spencer ; voilà tout... et ce n'est pas précisément pour cela que je me suis mis entre vous deux...

— Pourquoi donc ? demanda Moore.

— C'est la moins bonne de mes raisons. L'autre, la voici : M. le marquis de Rio-Santo m'a ordonné de veiller sur elle.

— Ah !... fit le docteur qui baissa la tête.

— Formellement ordonné ! acheva Tyrrel.

— Et cependant, continua Moore, elle sait... sa vie pourrait être ma condamnation !

Tyrrel s'inclina gravement.

—Qui se chargera de la réduire au silence?... reprit le docteur. Est-ce vous, Ismaïl ?

Tyrrel jeta un oblique et furtif regard sur Susannah, qui s'était affaissée sur le lit et baissait les yeux.

— Eh bien ! oui, répondit-il en prenant

tout-à-coup la bonhomie de son rôle de sir Edmund; — je me charge de cela, docteur.

FIN DU HUITIÈME VOLUME ET DE LA TROISIÈME PARTIE.

TABLE.

SUITE DE LA TROISIÈME PARTIE.

XXV. — Catalepsie.	3
XXVI. — Ténèbres.	37
XXVII. — Hallucination	65
XXVIII. — L'Aide-Pharmacien	89
XXIX. — Réveil.	117
XXX. — Ni Messaline ni Madeleine	151
XXXI. — Précieux Meuble.	189
XXXII. — Tartare.	215
XXXIII. — Magasin de Soda-Water.	245
XXXIV. — Saunder l'Eléphant.	277
XXXV. — Le cavalier Angelo Bembo	313
XXXVI. — Ange Gardien.	361

En vente chez les mêmes Éditeurs.

LE DOCTEUR ROUGE

PAR JEAN LAFITTE,

Auteur des Mémoires de Fleury.

3 vol. in-8°. — Prix : 22 fr. 50 c.

LA JEUNESSE
D'ÉRIC MENWED

Roman historique, traduit du danois d'INGEMANN,

PAR W. DUCKETT.

4 vol. in-8°. — Prix : 30 fr.

Imprimerie de Boruis et C°, rue Coq-Héron, 3.

www.ingramcontent.com/pod-product-compliance
Lightning Source LLC
Chambersburg PA
CBHW071856230426
43671CB00010B/1365